烟农专业合作社发展的影响
因素及对策研究

范龙昌　陈风雷　王仕海　何　轶　王克敏　焦　剑　著

科学出版社

北　京

内 容 简 介

本书共10章，研究目的是提高烟农专业合作社的生产效率和经营效益。本书以规模经济理论、交易成本理论、组织理论等经济学和管理学理论为基础，运用规范和实证研究等方法，在对目前烟农专业合作社产生的背景和现状进行阐述的基础上，就影响烟农专业合作社发展的内部治理、经营规模、外部环境等三个因素进行较为详尽的理论和实践研究，结合国内外合作社建设经验，总结可供借鉴的经验。通过剖析贵州烟农专业合作社发展现况，提出促进烟农专业合作社可持续发展的相关措施和政策建议。

本书可供烟草行业管理者、从事烟草农业研究的科研工作者、科研院所农业经济管理专业学生及教师等阅读参考。

图书在版编目（CIP）数据

烟农专业合作社发展的影响因素及对策研究/范龙昌等著. —北京：科学出版社，2019.6

ISBN 978-7-03-061606-7

Ⅰ. ①烟… Ⅱ. ①范… Ⅲ. ①烟农－专业合作社－研究－中国 Ⅳ. ①F321.42 ②F326.12

中国版本图书馆 CIP 数据核字（2019）第 115211 号

责任编辑：韩卫军 / 责任校对：彭 映
责任印制：罗 科 / 封面设计：墨创文化

科学出版社 出版
北京东黄城根北街 16 号
邮政编码：100717
http://www.sciencep.com

成都锦瑞印刷有限责任公司 印刷
科学出版社发行 各地新华书店经销
*
2019年6月第 一 版 开本：720×1000 B5
2019年6月第一次印刷 印张：9 1/2
字数：200 000
定价：76.00 元
（如有印装质量问题，我社负责调换）

前　　言

本书是 2016 年中国烟草总公司贵州省公司科技项目"贵州省烟农专业合作社服务效率与经营效益的影响因素及对策研究"（项目编号：201609）课题研究成果之一。

烟农专业合作社经过了近十年的探索，目前其发展方向明确，在促进现代烟草农业的发展中起到了积极作用，为烟农增收发挥了积极作用。但是在发展过程中也存在一些问题，主要表现为：第一，在内部治理方面，激励机制不完善，激励力不足，合作社的内生动力不足；第二，在经营规模方面，合作社服务规模较小，存在规模不经济的问题；第三，在发展环境方面，虽然行业及政府支持力度较大，但还存在扶持的力度和结构等问题。

本书提出了烟农专业合作社发展需要明确认识的几个问题，即合作社发展效率问题、合作社发展目标问题、合作社发展方向问题。针对当前烟农专业合作社的发展，需要正确处理好五大关系：①正确把握和处理好烟农专业合作社与其他烟叶生产组织形式的关系；②正确把握和处理好烟草部门与烟农专业合作社的关系；③正确把握和处理好发展烟叶生产与多种经营的关系；④正确把握和处理好快速发展和规范建设的关系；⑤正确把握和处理好当前发展和长远发展的关系。

本书最后根据目前烟农专业合作社发展出现的一些新趋势，提出了几点政策建议：①建立健全烟农专业合作社发展指导组织机构；②对合作社进行分类指导、精准扶持；③合作社发展模式应该多元化；④探索合作社的转型升级，即新型烟农专业合作社的发展。

目　录

第1章 导　论

1.1　研　究　背　景

1.1.1　烟农专业合作社产生背景

长期以来，我国烟叶生产基本为传统种植模式，千家万户的小规模生产决定了烟叶生产的增长方式是粗放型的，许多农户以种烟为兼业而非主业，形不成主业优势，倾注不了最大的热情和最高的管理水平。分散种植的生产组织管理方式，导致烟农生产处于分散游离的形态，组织效率偏低，烟叶生产的整个环节几乎均由烟农各家各户进行，并且有相当一部分烟农很难掌握那些技术要求较高的生产环节，再加上农村劳动力资源的缺乏，农村劳动力成本升高，不利于烟叶生产的持续、稳定、健康发展。

当地烟草公司分别与各家各户签订烟叶种植与烟叶收购的协议，从而导致在烟叶生产的整个过程当中，上游市场的交易费用很高，主要包含在协议签订之前，烟草公司和每家每户之间进行的资质审查费用、合同谈判与签订费用、选择品种费用、扶持政策落实费用、技术培训指导与生产监督费用、收购费用、违约费用等，妨碍了烟叶生产综合效益的提升。与此同时，在"小而散"的烟叶生产格局下，种植主体（烟农）对比较效益、生产投入、劳动力等因素较为敏感，从而使烟叶生产受到多方面不确定性因素的影响，不利于烟叶生产的长期稳定发展。烟草行业的产业特殊性使得烟叶生产呈现出了上游买方垄断、下游计划生产的形态，推行以计划配置、专卖专营及行政调控为辅助管理方式的农业订单生产，在烟叶生产前期，各级烟草公司会以行政指令的方式下达各省区市、地（市）、县的生产计划配额，收购烟叶时，烟草公司按照与烟农签订的烟叶终止收购合同，对烟农交售的烟叶分等级、分价格进行收购，烟草公司以外的任何单位和个人不允许收购烟叶，这种方式导致在短期内，分散烟农缺乏对烟叶的销售价格的议价能力。烟草行业的产业特殊，使得烟叶生产与一般大农业领域的生产不同，其不会出现"卖难"现象，故烟叶生产要解决的问题主要包括保持烟农队伍稳定、促进烟叶质量提升、保障烟叶产量等生产方面。并且烟草行业的产业特性也导致烟农专业合作社的定位与大农业领域的农民专业合作社有一定差异，主要表现在：第一，行业的政策扶持与资金补贴是烟农专业合作社快速发展的首要前提；第二，为烟农生产提供服务是烟农专业合作社功能定位的中心。

随着农业大环境的变化及不确定性、不稳定性因素的增加，一些深层次的矛盾和问题逐渐浮出水面，烟叶生产在一定程度上遭遇了一个成长"瓶颈"：生产成本居高不下，烟农增收乏力，烟叶生产科技含量不高，烟叶种植风险日益扩大，烟区生态环境持续恶化，稳定烟农队伍和稳定规模面临压力，烟叶可持续发展面临着严峻的考验。传统的烟叶作业方式已经不能满足烤烟生产发展的需要，烟叶分散种植的现状要求必须从传统烟叶生产向现代烟草农业转变，积极探索符合现代烟草农业要求的新型烟叶生产组织形式。

1.1.2 行业支持烟农专业合作社发展的政策演变

自提出现代烟草农业建设以来，烟草行业一直将烟叶生产组织方式的创新作为重点，制定了一系列的支持和引导烟农专业合作社发展的政策文件。通过对这些政策的梳理不难看出，行业对烟农专业合作社的政策演变可大致分为以下两个阶段。

第一阶段：2007 年到 2010 年，《中华人民共和国农民专业合作社法》（以下简称《农民专业合作社法》）的实施为烟农专业合作社的产生提供了前提条件，在该法的基础上，一系列关于烟农专业合作社的政策文件的出台及政策保障的不断丰富，使得种植型烟农专业合作社得到了快速发展。在 2008 年全国种植型烟农专业合作社仅有 100 多家，2010 年种植型烟农专业合作社达到了 5000 多家，专业服务合作社与专业队达到 8000 多家。这一阶段的烟农专业合作社还处于自发发展的状态，规模相对较小、管理比较散乱、合作社实力不强。第二阶段：2010 年至今，国家烟草局调整了烟农专业合作社的发展思路，重点发展综合服务型烟农专业合作社，制定了一系列的支持综合服务型烟农专业合作社发展的政策方针，进一步推进了烟农专业合作社的发展。从 2007 年至今，主要政策变化如表 1-1 所示。

表 1-1　行业支持烟农合作社发展政策历程

年份	文件来源	主要内容
2007	国家烟草专卖局关于发展现代烟草农业的指导意见	创新烟叶生产组织模式，以烟农为主体，进一步总结完善"烟草企业＋专业合作组织＋农户"等生产组织模式，努力提高烟草农业组织化程度
2009	国家烟草专卖局关于推进现代烟草农业建设的意见	指出了发展现代烟草农业的基本思路、总体要求和主要任务，继续向规模化、集约化、专业化、信息化推进
2009	姜成康在 2009 年全国烟草工作会上的报告	提出要"创新烟叶生产组织形式，培育一批种烟专业大户、家庭农场和专业合作社"

年份	文件来源	主要内容
2010	姜成康在 2010 年全国烟草工作会上的报告	提出要坚持"统分结合、双层经营、专业合作"的工作方针，在地方党委政府领导下，尊重烟农主体地位，发展种植专业户、家庭农场和专业合作社，形成与生产力水平、管理水平相适应的生产组织形式
2012	国家烟草专卖局关于加快推进综合服务型烟农专业合作社发展的指导意见	鼓励综合服务型烟农专业合作社在坚持"以烟为主"的前提下，利用育苗工场、烘烤工场、农机设备等设施设备，实行市场化运作，在闲置期开展多种经营，拓宽增收渠道，增强合作社持续发展能力
2013	国家烟草专卖局办公室关于印发烟农专业合作社行业示范社评定办法的通知	烟农专业合作社行业示范社评定对象、评定内容及评定程序

1.1.3　烟农专业合作社发展概况

烟农专业合作社正以一种新型组织方式在我国烟叶主产区快速普及，并且呈现出快速发展的趋向，使得烟叶生产方式发生了很大转变。随着我国烟草行业的不断发展，烟叶生产专业化程度越来越高，规模化种植不断扩大，烟农专业合作社作为农民合作社的重要组成部分，其重要性越来越明显。国家烟草专卖局在2007 年对烟叶生产提出了新的战略目标：由传统烟叶生产方式向现代烟草农业生产方式转变，以烟农为主体改进烟叶生产的组织形式，完善"烟草企业 + 专业合作组织 + 农户"的生产组织模式，使得烟草农业的组织形式进一步得到提升和完善。之后，烟农专业合作社正以一种新型组织方式在我国烟叶主产区快速普及，并且呈现出快速发展的趋向。2012 年 6 月，在全国烟农专业合作社建设座谈会上姜成康提出："加快推进烟农专业合作社建设是发展现代烟草农业的必然要求，是保持烟叶生产稳定发展的迫切需要，也是加强烟叶基础设施管护的有效措施。"随着一系列关于烟农专业合作社的政策文件的出台及政策保障的不断丰富，烟农专业合作社步入了飞速发展的新阶段，成为当前现代烟草农业发展的首要载体。

近年来，各大烟区地方政府的大力扶持，广大烟农积极参与，使得烟农专业合作社在我国烟叶主产区快速普及，并且呈现出快速发展的趋向。经过近十年的发展，绝大部分烟农专业合作社均制定了比较规范的章程，设立了理事会、监事会及社员代表大会等内部组织机构，制定了较完善的管理制度。烟农专业合作社有比较清晰的产权结构、相对健全的制度体系与治理结构。

行业补贴力度大，合作社发展较快。自 2005 年到 2013 年，在烟田基础设施建设方面，烟草行业累计投入 687 亿元，为合作社提供了一大批可经营性资产。烟农专业合作社组建区别于其他大农业领域的农民专业合作社的一个显著特征是：资产设备投入在先，烟农联合入社在后。现有烟农专业合作社基本都是依托烟草行业补贴形成的可经营性资产组建和发展起来的，这些可经营性资产包括：育苗大棚、大型农用机械及密集烤房等设备。换句话说，烟农专业合作社组建与运转的前提是烟草行业补贴所形成的可经营性资产。在此前提下，烟草部门与政府有关部门指导烟农专业合作社的章程的制定、管理制度的建立、服务价格的确定、盈利返还的监督及合作社"带头人"的选择等，促进了烟农专业合作社的发展。在烟农专业合作社的发展过程中，各烟区结合其实际，形成了形式各样的烟农专业合作社类型，但其核心都是为烟农提供专业化服务。

快速发展中面临一些矛盾和问题，需要在发展中解决和规范。总体来看，烟农专业合作社呈现出快速发展态势，在增加烟农收入、提高烟叶质量等方面发挥了积极作用。目前也面临一些比较突出的矛盾和问题，主要表现在：一是部分烟叶产区对烟农专业合作社的性质、功能、定位认识比较模糊，尤其是对合作社的"专业性、服务性、互助性"把握不够；二是烟草部门尤其是基层烟叶站及地方政府与烟农专业合作社的关系没有理顺，部分产区政府和烟草部门在指导、扶持和服务烟农专业合作社建设、发展过程中，存在一定程度的包办代替现象；三是部分烟农专业合作社虽然制定了章程、设立了"三会"治理结构、建立了规章制度，但执行不到位，合作社凝聚力不够、民主管理意识不强、"内部人控制"现象时有发生；四是部分烟叶产区不顾自身客观实际，盲目求大、求快、求全，主观主义和形式主义不同程度地存在，有的甚至把发展烟农专业合作社作为一项政治任务和政绩工程来对待，违背了本意要求。

根据国家烟草专卖局 2015 年调研情况获悉，总体来看，烟农专业合作社发展起步晚，发展不均衡，服务能力不强，规范程度不高，需要进一步提升水平。一是服务水平不高。一方面，各环节专业化服务不均衡。育苗、分级服务覆盖率 70% 以上，植保、烘烤在 50% 以下，施肥、移栽、中耕等环节专业化服务仍处于起步阶段。合作社农机拥有量 19.5 万台（套），占烟草农机存量的 26%，农机拥有量不足导致专业化机耕比例低。在途时间成本高，作业效率低，导致专业化植保比例低。采烤环节技术要求高，用工多，风险大，多数只承担技术指导，不负责烘烤作业。另一方面，机耕、烘烤、分级环节技能要求高，专业技能队伍人员缺乏，技术培训与技能鉴定跟不上，特别是分级环节人员需求量大，人员流动性在 50% 以上，导致一些合作社作业质量差、服务效率低、服务成本高。二是经营管理水平不高。合作社盈利水平较低。年盈利在 0～10 万元的有 1036 个，10 万～30 万元的有 185 个，30 万元以上的有 192 个，亏损的 129 个。贵州省 141 个合作社，社均年收入 632 万元，其中烟草补贴占 40%，社均盈余 27.08 万元，盈余占总收入的比例为 4.32%，占可经营性资产的 1.06%。合作社过度依赖行业补贴，自身造血功能弱。普遍存在有补贴的环节推进快，无补贴的环节推进慢的情况，2014年合作社专业服务收入中行业补贴占 58.4%。经营管理人才缺乏，过度依赖基层烟站和行业职工，合作社自主经营、自我管理意识和能力不足。2014 年全国烟农合作社有带头人 4215 个，其中行业职工、村组干部等兼职人员 2223 人，占 53%；返乡农民工及烟农 1784 人，占 42%；大学生 208 人，仅占 5%。三是运行规范程度不够。站社关系、社队关系还未完全理顺，仍然存在烟草包办代替的情况，制度规范未能有效执行，运营管理掌握在少数骨干人员手中，薪酬确定、盈余分配、日常管理等随意性大，存在私人出资入股现象。财务人员缺乏，财务制度不健全，财务收支不规范，财务审计、社务公开不落实，服务补贴流程不统一、手续不完善、监管不到位。

此外，在如何实现烟草补贴所形成的资产能够让广大烟农（包括社员和非社员烟农）普惠共享、如何处理好烟叶生产和多元产业的关系、如何有效激励核心成员和防止"内部人控制"、如何提高烟农合作社的经营效率和经济效率等方面，需要从理论上和实践上进一步探索。

1.2　研　究　意　义

烟农专业合作社对现代烟草农业的发展起到了重要作用，但是目前合作社经营管理水平不高，盈利水平较低。合作社过度依赖行业补贴，自身造血功能弱。因此，研究烟农专业合作社提升烟叶生产专业化服务水平，降低专业化服务成本；拓宽专业服务领域；拓展非烟产业服务，增强合作社造血功能显得十分重要。

本书将在对烟农合作社发展的影响因素进行分析的基础上，寻求提升和改善合作社服务效率及经营效益的途径，促进合作社健康持续发展。因此，通过加强合作社的建设和发展，提高其经营管理水平，实现良好的经营效益，具有重要的实践意义。

（1）提高烟农专业合作社服务效率及经营效益是转变烟叶生产发展方式的迫切要求。提升烟叶生产专业化服务水平，拓宽专业服务领域，转变烟叶生产发展方式，提高烟叶生产组织化程度，促进烟叶生产节本增效。只有加快烟农专业合作社建设，建立有效的机制体制，提高自我组织、自我管理的意识和能力，解决一家一户分散种植的问题，促进烟叶生产规模化、集约化发展，才能提高烟叶生产组织化程度，适应烟叶生产发展方式的转变。

（2）提高烟农专业合作社服务效率及经营效益是促进烟叶生产可持续发展的根本要求。烟叶生产发展就是要为工业企业提供规模稳定、特色突出的优质原料，不断提高优质原料保障能力。只有通过发展烟农专业合作社，实行统一育苗、统一机耕、统一植保、统一烘烤、统一分级等作业流程，提高先进适用技术到位率，才能破解烟叶生产分散种植的难题,实现规模化种植、专业化服务、标准化生产、集约化经营,提升烟叶的生产水平和质量水平,达到提质增效的目标,提高优质烟叶保障能力,促进烟叶生产的可持续发展。

(3)提高烟农专业合作社服务效率及经营效益是确保实现可经营性资产普惠共享的重要途径。现代烟草农业基础设施建设形成了烤房、育苗棚、农机等大量的可经营性资产,如何管护好这些资产,确保持续发挥作用,已经成为烟叶工作的突出重点和难点。只有加快烟农专业合作社建设,明确烟草补贴形成的可经营性资产所有权、烟草的掌控权和话语权、合作社的使用权和管理权,才能落实管护资金和责任人,解决基础设施使用时间短、利用率低、运行成本高、管护缺失等难题,充分发挥基础设施服务烟叶生产作用,真正实现普惠共享。

(4)提高烟农专业合作社服务效率及经营效益是烟叶生产降本增效的重要保障。合作社通过提升烟叶生产专业化服务水平,拓宽专业服务领域,可以降低烟叶生产成本,促进烟农增收;通过拓展非烟产业服务,增加合作社收益。

1.3　核心概念

1.3.1　烟农专业合作社概念

烟农专业合作社是指在农村家庭承包经营基础上,由烟叶生产专业化服务的提供者、使用者组成,提供烟叶生产多环节专业化服务的农民专业合作社。依据《农民专业合作社法》对农民专业合作社的解释,农民烟草专业合作社即烟农合作社就是由烟农自愿联合,以烟叶种植为主业,生产资料由全体烟农共同使用和占有,社员共同劳动的经济组织。合作社应该是有自己的章程和管理体系,并在国家工商部门注册登记的独立法人。其基本原则是:独立经营、自负盈亏;入社自愿、退社自由;民主管理、风险共担;提供服务、盈余共享。

1.3.2　烟农专业合作社的性质

烟农专业合作社是农民专业合作社的一个重要组成部分,对外体现盈利性,对内体现服务性。第一,其是互助性的经济组织。一方面,合作社是"社",而不是"企"。合作社是一个新型的市场主体,具有企业的一些属性,但又不等同于企业。服务社员(烟农)是合作社的宗旨,谋求全体成员的共同利益是其主要任务。合作社也是法人组织,能从事生产经营活动,但营利不是最终目的和唯一目的。另一方面,合作社体现的是合作、互助。烟农专业合作社一般是以劳动联合为基础的合作与互助。第二，烟农是主体。烟农专业合作社是烟农自发形成的组织，是烟农自己的组织。烟农是合作社的主体，是合作社的主人。合作社由绝大多数烟农作为社员参与组织起来，要求80%的社员是烟农。而不是少数烟农组成的合作社，更不是三两个社会人员组成的合作社。第三，专业性强。合作社为烟农服务，提供育苗、机耕、植保、烘烤、分级等专业性服务。第四，综合服务。烟农专业合作社是综合服务型的合作社，不光围绕烤烟育苗、机耕、植保、烘烤、分级等主要环节开展综合服务，还需要拓展发展空间，寻求多元化经营，提升烟农专业合作社的综合实力。

1.3.3　职能定位

烟农专业合作社对提升烟叶种植规模、促进专业化分工、提升集约化经营水平，确保烟叶生产持续健康稳定发展具有十分重要的意义。其主要职能如下。

（1）生产服务。要覆盖育苗、机耕、植保、烘烤、分级五个环节，积极拓展移栽、施肥、采收、运输等环节的专业化服务，形成全面、全过程的专业化服务体系。

（2）设施管护。要将基础设施的使用、运行、管理、维护纳入烟农专业合作社服务体系，发挥合作社对基础设施使用、管护的主体作用。

（3）技术推广。通过统一作业流程、统一作业标准、统一操作工序，提高先进适用技术落实到位率和标准化生产水平。

（4）物资供应。逐步由烟农专业合作社集中配送育苗、移栽、烘烤等环节的烟用物资，开展烘烤用煤、多元化经营物资统一采购，拓展合作社业务范围。

（5）信息支撑。加强信息化手段应用，建立综合服务型烟农专业合作社信息管理平台，提高合作社管理水平和服务水平。

1.3.4　制度特征

烟农专业合作社具有如下制度特征：第一，合作社功能单一。烟农专业合作社面临的市场是行业完全垄断的市场，烟农每年均与烟草部门签订生产、收购合同。烟农专业合作社不需要对合作社生产的产品进行营销，烟农专业合作社主要承担的职责就是在烟叶生产环节中提供专业化服务，功能比较单一。第二，产权安排模糊。烟农专业合作社的资产主要由社员入股资产、公积金及政府与行业补贴所形成的可经营性资产构成，目前烟草部门与烟农专业合作社仍然没有一套非常明晰的产权安排制度，从而导致该类资产产权模糊。第三，治理结构复杂。烟农专业合作社基本能够按照合作社法律法规组建，设有理事会、监事会及社员代表大会，组织内部机构比较完善。然而，组织内部机构的运转规范水平却不尽如人意。第四，盈余分配方式多元。烟农专业合作社产权结构比较复杂，导致其盈余分配与大农业领域的合作社相比有一定的差异，其盈余分配方式依据产权结构的不同而不同。第五，民主管理与外部介入相并存（郭晶晶，2015）。

1.3.5 烟农专业合作社组建和运行模式

目前的烟农专业合作社是在烟草行业主导下组建的，为烟农提供专业化服务，在烟农专业合作社的运行过程中获得了地方政府的大力支持，如图1-1所示。

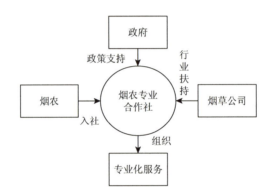

图1-1 烟农专业合作社组建与运行模式

1.4 国内外同类研究现状与发展趋势

从现有文献来看，国内外对烟农专业合作社服务效率及经营效益的研究，仅仅体现在烟农专业合作社的服务效果方面的研究，还没有发现专门针对合作社服务效率及经营效益的系统深入的研究。

1.4.1 研究现状

1. 合作社专业化服务效果

服务型合作社在推进烟叶规模化种植、减工降本，提高机械利用率和种植收益等方面产生了积极的作用，获得了学者们的普遍认可。Gerichhausen等（2008）认为当新技术出现时，合作社能够帮助农户更快地利用技术，使资源利用更加有效，从而提高农户收入。杨先杰（2013）通过对湖南省合作社发展情况的调研，认为湖南省合作社专业化服务覆盖率不断提高；设施综合利用有效开展，经营效益初步显现；服务功能不断扩展，内生发展机制初步形成。王丰（2011）通过案例分析，认为"分户经营＋专业化服务"型合作社在资金、技术、工具等方面存在优势，可以凸显出专业化服务环节的工作效率和效益。黄祖辉等（2012）认为服务型合作社为成员提供自我服务或为非成员提供社会化服务的规模效率明显，具有较大的发展空间，是当前我国烟农专业合作社的主流模式。何伟和鲁国超（2010）认为烟农专业合作社有利于推动烟叶生产的专业化分工，使生产资料采购成本下降。

2. 合作社服务效果的影响因素

萧洪恩等（2011）认为由于烟草行业体制的特殊性，农户不能参与产业化的全过程（纵向一体化）与全方位（横向一体化），低端的地位很难保证终端的利益，如果加上基础建设滞后、管理规范化程度低、自然风险与市场风险等方面因素的综合影响，现代合作社就难以实施各种有效的服务，农户的退社自由就会成为普遍现实。杜兴华和付源（2012）认为合作社中专业化服务人员匮乏，其主体地位虚置，烟农专业合作社内部管理松散，较少开展实质性的活动，导致烟农专业合作社自身运行活力不足。戴成宗等（2012）认为烟农专业合作社的建设面临"烟草行业过度热情、烟农反应冷淡""烟农热情高涨，能人反应冷淡"的双重制度困境。雷天义（2012）认为由于邵阳市试点的烟农专业合作社只经营烟叶方面的服务业务，没有拓展多种经营渠道，再加上发展目标不明确、运作不规范等，合作效益并不理想。Prakash（2000）分析了日本农业合作社面临的问题，指出合作社若不考虑和采纳民主的意见，在管理层之间、管理层和社员之间没有建立起有效的沟通方式等，将降低合作社的服务效率。王丰（2011）指出，当前我国烟农专业合作社组织管理层面仍处于较低水平，不太适应现代烟草农业发展的需要，主要表现为：第一，组织数量偏少，规模偏小，覆盖率低，且分布不均衡；第二，行政色彩较浓，村委会普遍存在"泛行政化"倾向；第三，组织活动不规范，管理漏洞较多，如产权关系不清、财务混乱、规章制度不健全等，影响了组织功能和效率的发挥；第四，相当一部分组织"空壳化"，没有充分发挥组织、服务的作用。这种较低水平的组织现状，目前还难以有效构建烟叶生产方式转型的现代经济社会基础。

3. 烟农专业合作社服务效果提升的对策

2012年，姜成康在全国烟农专业合作社建设座谈会上的讲话中明确指出："要坚持'以烟为主、综合利用'，充分发挥烟叶生产基础设施服务烟农的作用，充分利用烟叶生产基础设施发展多种经营。"肖春生和肖汉乾（2013）结合湖南省实际情况指出，要充分发挥育苗工场、烘烤工场和农机具等可经营性资产的平台作用，有效整合资产、资金、土地、劳动力、技术、管理、品牌、市场等生产要素，构建资产、资本、劳动力为核心的多要素合作机制，形成服务优势和市场竞争优势，抓好设施综合利用的合作联社建设，实现同区域合作社的联合与重组，进一步整合资金、技术、设施和市场资源，有效解决合作社服务能力弱、组织成本高和运行效率低等问题。樊英等（2014）认为，不断增强"分户经营＋专业化服务"型合作社的服务能力，提供优质高效的专业化服务，以实现提高烟叶生产质量与效率的目的。应该从以下五个方面提升服务能力：第一，改进盈余分配制度。合作社应适当提高合作社可分配盈余中成员的分配比例，将服务收入扣除专业化服务队队员的收入、管理人员工资、设备设施折旧费、公积金等费用后，所得盈余的大部分应返还给烟农。合作社财务制度上也应该更加透明化，让更多的烟农知道合作社盈余分配的方式。第二，优化服务机制。"分户经营＋专业化服务"型合作社主要是解决由单个农户难以完成、由烟草公司组织成本又比较高的生产环节的服务问题。因此，应充分挖掘合作社所能提供的产品和服务的种类，拓宽获取信息服务的渠道，扩大服务范围。在服务数量增加的同时，还应注重服务质量的提高，加大对专业服务人员的培训力度，使其能完全胜任烟叶生产经营管理过程中技术要求较高环节的专业化服务工作。第三，充分利用合作社设备设施。主要指育苗工场、烘烤工场和农机设备等，合作社的农机设备利用率较好，而育苗工场、烘烤工场的利用率有待改进。在育苗工场的闲置时期可以种植生菜、香菜、紫贝菜、人参菜、麒麟瓜等反季节无公害蔬菜瓜果，在烘烤工场的闲置时期可以培育杏鲍菇、金针菇、香菇等食用菌。第四，提高社员对服务的满意程度。要提高社员对合作社服务的满意程度在于提高社员对合作社治理及专业化服务的满意程度，因此应改进民主管理方式、盈余分配方式、提高专业化服务人员的素质和水平等。第五，拓宽服务的广度。目前合作社做得较好的有育苗、机耕等生产专业化服务，但覆盖面还不广，还应注意多方位拓展专业化服务的范围，形成育苗、机耕、植保、分级、烟用物资采购（尤其是烟用化肥、煤球等直接影响烟叶生产质量和烘烤质量的物资）、烘烤等为一体的综合性服务。

1.4.2 研究述评

从目前国内外关于烟农专业合作社服务效率及经营效益的研究现状来看，还没有学者系统研究过，涉及的相关研究也很少，还没有系统的理论研究和实践探索，在理论方面，相关研究更多的是关于烟农合作社服务效果的研究，在实践方面，也主要是一些有关提升经营效益的方向性探索，例如，提升专业化服务水平，扩大专业化服务领域，探索多元化经营等。作为合作社服务效率及经营效益的研究应该是系统的，不光要涉及如何提高其服务效率和经营效益，还要对其服务效率及经营效益的诸多方面进行研究，例如，为什么服务效率和经营效益不高，其影响因素是什么，这些影响因素的重要性怎样，它们之间是怎么样的关系，等等，通过对烟农专业合作社服务效率及经营效益进行系统的研究，可以促使烟农专业合作社增强其活力，为现代烟草农业的发展做出更大的贡献。

1.5　技术路线和研究内容

1.5.1　技术路线

本书将在运用规模经济理论、专业分工及组织分工理论、交易成本理论、产权理论、制度与技术创新理论、组织理论等经济学和管理学理论的基础上，以烟农专业合作社的服务效率与经营管理为主要研究对象，以提高其服务效率及经营效益和提升可持续发展能力为目标，研究影响烟农专业合作社服务效率及经营效益的因素，探索提高烟农专业合作社服务效率及经营效益的有效措施。图 1-2 为技术路线。

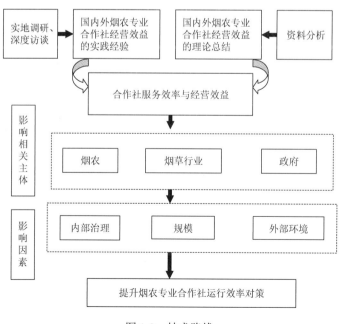

图 1-2　技术路线

1.5.2　研究内容

本书内容由 10 章组成。

第 1 章：导论。主要阐述研究的背景、意义、研究的技术路线及研究内容。

第 2 章：合作社效率的理论基础。主要对效率的内涵及效率理论进行梳理，是指导全书研究的理论基础。

第 3 章：烟农专业合作社影响因素分析：基于内部治理的角度。指出目前烟农专业合作社建设中内部治理存在的问题，并从交易成本、委托代理、利益相关者的理论角度进行分析，在研究治理机制与新型农民专业合作社效率的内在机理的基础上，提出完善烟农专业合作社治理机制的建议。

第 4 章：烟农专业合作社影响因素分析：基于规模的角度。指出目前烟农专业合作社建设中的规模问题，并从理论的角度对合作社的规模经济进行分析，提出合作社规模边界，以及合作社规模扩张的路径。

第 5 章：烟农专业合作社影响因素分析：基于外部环境的角度。对影响烟农专业合作社发展的内外因素进行较为系统的分析，重点研究政府和烟草行业对合作社的影响，并提出营造合作社发展良好环境的建议。

第 6 章：烟农专业合作社发展经验及其借鉴。在对国内外烟农专业合作社的发展经验进行梳理的基础上，得出当前烟农专业合作社建设的相关启示。

第 7 章：烟农专业合作社效率优化策略。从合作社自身、烟草行业、政府三个角度提出促进烟农专业合作社发展的对策。

第 8 章：贵州烟农专业合作社效率实证研究。较为系统地对贵州烟农专业合作社建设情况进行研究，指出其建设过程中存在的问题，提出相应的改进措施。

第 9 章：贵州烟草行业与助农增收的实证研究。通过对贵州帮助烟农增收的经验进行总结的基础上，设计出实现烟农增收的长效机制。

第 10 章：总结。一是对全书的研究总结，提出合作社建设中需要明确的几个问题；二是提出相关的政策建议。

第2章　合作社效率的理论基础

2.1　效率的经济含义

马克思在《剩余价值理论》一书中曾经谈道："真正的财富是投入尽量少的价值创造出尽量多的价值。"（马克思和恩格斯，1979）换句话讲，就是在最短的时间里创造出尽量多的物质财富。可以看出，马克思关于财富的思想反映了效率的基本精神。帕累托（Pareto，1906）在《政治经济学教程》中指出："资源配置最优是指每个人至少和他们的初始时情况一样好，而且至少有一个人的情况比初始时更好。"在该书中，帕累托首次提出了效率的定义。

西方最具权威的经济学辞典《新帕尔格雷夫经济学大辞典》认为效率是资源配置效率（伊特韦尔等，1992）。同时，也有人认为消费者和生产者福利的总和为资源配置效率（平狄克和鲁宾费尔德，1997）。1999年，《辞海》把效率定义为："劳动量的付出与劳动成果的比率。"投入跟产出的比例关系即为效率，同时也说明效率是度量劳动量的消耗和所获得的劳动成果。很多学者认为经济学的核心命题是对效率的研究。萨缪尔森曾一度指出："人和社会如何选择是经济学的研究课题，用稀缺性的资源生产商品并把商品分配给整个社会以供消费。"（萨缪尔森和诺德豪斯，1992）由此我们可以看到经济学是研究在资源稀缺的条件下怎么有效配置资源的学科。萨缪尔森对经济学的概括集中体现在以下五个方面：第一，经济资源的稀缺性是不以人的意志为转移的，这就决定了有效利用的重要性。第二，经济学是选择的科学，因为所有的经济组织都在进行着这样或那样的选择。第三，个人及家庭对购买何种商品以及购买多少进行选择以取得效用最大。第四，企业厂商会选择生产什么商品来满足人们的需求从而实现利润最大化。第五，政府和涉外部门通过选择资源配置的合理方案实现社会福利最大化。经济学从本质上讲就是选择的科学。对整个经济社会来讲就是如何将稀缺的资源进行配置来实现经济活动的目的。萨缪尔森在《经济学》中认为"经济效率"就是不存在浪费，即不减少一种商品的生产，也不增加另一种商品的生产，经济的运行处于生产可能性边界上（萨缪尔森和诺德豪斯，1992）。经济学家樊纲在《公有制宏观经济理论大纲》中认为经济效率是在现有的资源条件下所提供的商品的满足程度，也可以叫作利用效率（樊纲等，1990）。经济学研究核心就是经济效率，所以萨缪尔森强调，效率"是经济学唯一的根本问题"。经济效率是生产资源与人类满足程度的对比。投入或成本是指在现有的经济技术条件下生产商品所需的各种资源，包括劳动力资源及生产资料资源。经济学上讲"有效率"指在一定的技术经济资源条件下对人们的满足程度。效率概念被用于某个经济企业或者机构时，指经济企业或者机构是否利用一定的生产资源使产出最大，或者反过来讲，生产一定量的商品是否做到了成本最小化。人类物质文明的进步及生活水平的提高都是用尽量少的投入产出更多的满足人们生活的商品（樊纲，1995）。

本书所研究的效率主要指经济效率，也就是主要研究投入和产出或者成本和收益的关系。效率主要是指资源是否在不同的生产中得到了有效利用，是否最大限度地满足了人们的需求，也就是说，效率高是指投入少、产出多，反之效率低是指投入多、产出少。

2.2 效 率 理 论

2.2.1 古典经济学的效率理论

早在 1776 年，亚当·斯密（Adam Smith）就发现"看不见的手"能促进效率提升。他在《国民财富的性质和原因的研究》中指出，任何人将资本投于工业都是为了获取利润，而趋利原则使他努力生产出最大的价值。与此同时，他也为社会提供了收入，尽管他无意于提高公共利益。实际上，正是"看不见的手"引导他去提高实非其本意的结果（斯密，1974）。斯密经典的"看不见的手"理论强调了市场在经济生活中的重要地位。从资源配置的角度来看，主观上的个人利益最大化动机，在"市场机制"的引导下促进了客观上的社会福利增加，这实际上是一个社会资源使用效率实现最佳的过程。

斯密"看不见的手"理论的背景是商品经济的初级阶段，其理论假设是"单个企业利润最大相加等于社会最优"。但是，在现实中，个体单纯追求经济利益并不一定能实现社会总福利最大化。

2.2.2 新古典经济学的效率理论

兴起于 19 世纪 70 年代，以杰文斯（Jevons）、门格尔（Menger）和瓦尔拉斯（Walras）为代表的"边际学派"承袭了古典经济学的思想。该学派以市场价值规律为基础，运用"边际""均衡"等核心概念，提出了资源配置的效率标准。在经济活动中，资本的逐利性特点决定了资源将由获利较小的用途转入获利较多的用途，当资源的流动无法带来更好的收益时，资源配置效率也达到最优。该学派的理论假设可以概括为，边际收益相等将导致社会资源配置最优。

马歇尔（Marshall，1920）在《经济学原理》中首次提出了均衡价值论。庇古（Pigou）的《福利经济学》（庇古，2006）在马歇尔边际效用价值论的基础上对效率标准进行了阐述。针对资源配置效率，他认为当私人边际净产值和社会边际净产值相等，并且国民经济各个部门的边际净产值相等时，经济资源在各部门之间的配置实现效率状态。针对收入分配效率，他认为当社会所有成员的货币收入都相等时，其货币的边际效用也是相等的，此时即可实现收入分配的效率状态。

帕累托提出的帕累托最优或帕累托效率认为，对于某种资源的配置，如果不存在其他生产上可行的配置，使得该经济中的所有个人至少和他们的初始时情况一样良好，而且至少有一个人的情况比初始时严格地更好，那么资源配置就是最优的。萨缪尔森和诺德豪斯（1992）的效率观点是，经济在不减少一种物品生产的情况下就不能增加另一种物品生产时，它的运行便是有效率的。实际上，萨缪尔森的这种观点与帕累托的思想基本相同。只是帕累托从资源配置出发，而萨缪尔森从商品组合的分配角度考虑效率问题。

新古典经济学效率理论的核心是市场配置效率。经济学者们假设，企业内部的运作总是有效率的。因此，他们并不关心企业的内部结构，对效率的关注集中于企业外部，关注稀缺资源在市场完全竞争之下的配置效率，并形成了完整的市场配置效率理论。然而事实上，企业内部由于管理不善等难以实现有效率。

2.2.3　现代经济学的效率理论

Farrell（1957）将效率研究的重点由新古典经济学的市场效率转为企业效率，并最早系统地研究了企业效率。他将企业效率分为两部分——技术效率（technical efficiency，TE）和配置效率（allocative efficiency，AE），前者反映的是在给定各种投入的条件下实现最大产出的能力；后者，即配置效率 [Farrell 称其为价格效率（price-efficiency）]，反映的是在给定投入价格时企业以合适的比例使用各项投入的能力。这两部分效率组成总的经济效率 [total economic efficiency，Farrell 称其为整体效率（overall efficiency）]。

Farrell 详细分析了企业在两种投入、一种产出的情形下的技术效率和配置效率。由图 2-1 可知，SS' 表示完全有效率的合作社一单位产出所使用这两种投入要素的可能组合，AA' 表示两投入要素的价格比率。P 点是技术无效率点，线段 QP 代表了合作社的技术无效率，投入由 P 点等比例降低到 Q 点，产出相同。通常用 QP/OP 表示产出相同的情况下投入可以缩小的比例，故合作社的技术效率（TE）

可由下述比例得出：TE = OQ/OP = 1-QP/OP。技术效率（TE）的取值在 0 和 1 之间，TE 的值越小，表示技术效率越低；而 TE 值越大，表示技术效率越高；当等于 1 时，则表示合作社是完全技术有效率的。技术有效率的所有点构成生产前沿面，即曲线 SS'。如果已知投入价格比（如图 2-1 中 AA'），则 P 点的配置效率（AE）为 AE = OR/OQ。总的经济效率（EE）由技术效率（TE）和配置效率（AE）构成，有 EE = OR/OP = (OQ/OP)×(OR/OQ) = TE×AE 。

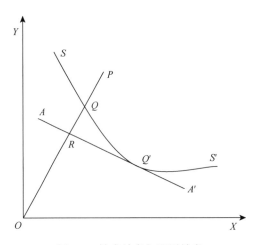

图 2-1　技术效率与配置效率

Whitesell（1994）认为，经济效率指一种经济在既定目标下的生产能力，它可以区分为技术效率和配置效率。技术效率指在既定的技术和投入条件下，实际产出与潜在产出之间的比较。配置效率指投入要素的组合按照成本最小的方式进行，即根据各要素在不同使用方式下的边际要素替代率相等的方式进行。一种经济可以具有较高的技术效率，但配置效率却较低；也可能具有较高的配置效率，但技术效率较低。Kalirajan 和 Shand（1999）也认为经济效率是技术效率和配置效率的综合反映。他指出，技术效率是指企业在既定的技术和环境下，投入一定时生产最大可能产出的能力。配置效率是指在现行的要素市场供求条件下，企业为获得最大收益而使用不同要素的数量比例的能力。

总之，现代经济学的效率理论主要关注企业效率，并从理论上进行了较为详尽的分析。不过，企业往往首先利用现有资源而不是对其重新组合进而从降低成本中获益，因此，在实证研究中针对技术效率的研究较多（Rawson，2001）。

此外，我国经济学者也就效率问题做出了有益的探讨。比如，樊纲在《公有制宏观经济理论大纲》一书中给经济效率下的定义是："社会利用现有资源进行生产所提供的效用满足程度，因此也可一般地称为资源的利用效率。"（樊纲等，1994）需要注意的是，它不是生产多少产品的简单的物量概念，而是一个效用或者社会福利概念。厉以宁（1999）认为，效率是资源的有效使用与配置，一定的投入有较多的产出或一定的产出只需要较少的投入，意味着效率的增长。

2.3　合作社效率的内涵与层次性

2.3.1　合作社效率的内涵

探讨合作社效率的内涵之前需理解建立在理论基础上的经济效率概念（Sexton，1995）。据效率理论的回顾可知，经济学理论界至今未对"效率"一词给出确定统一的定义，经济学者往往从不同角度，采取不同方式对其进行界定。但从本源意义来看，效率既可理解为一种追求低投入、高产出的经济行为，亦可认为是一种实现"帕累托最优"的内在能力。

因此，本书认为合作社的效率应包含两方面：一方面可理解为合作社的投入产出效率，即指合作社在既定要素资源投入条件下获得最大产出的能力，或是在一定产出水平下实现最小投入的能力，这属于合作社的内部效率；另一方面可视为合作社的外部效率，即其在追求内部效率的过程中促进了社会资源在各部门间的合理配置，从而对整个社会经济发展所贡献的综合效率水平。简言之，合作社的外部效率指合作社对社会总福利的贡献度。由此可知外部效率标准是一种最佳的资源配置状态，既可使单个合作社实现资源利用最优，也能促进全社会资源的充分合理利用，避免浪费和闲置。因此，从理论上来说，合作社在追求自身内部效率最优的同时应考虑外部效率，以实现社会总福利最大化（扶玉枝，2012）。

2.3.2　合作社效率的层次性

从前面效率的基本概念我们可以看出，效率判断不但与成本有关，而且涉及人们需求的满足和社会福利的提高，不仅不好度量，还必然牵涉到价值判断问题。对于单个合作社而言，这种多元的效率标准可通过分层次、分阶段来实现。合作社首先需实现的效率目标应是其内部效率，在此基础上再考虑其外部效率。据此，合作社效率划分为如下三个层次。

第一层次是投入产出效率标准。合作社作为一个微观经济组织，和其他企业一样，经济效率目标是合作社有效运营和提高竞争力的集中体现，也是实现其他目标的基本前提和重要保障。在现有技术水平下，如何最有效利用各种资源，将投入要素配置到最佳状态，从而实现投入产出比率的最大化，应是合作社效率的第一个层次。投入产出效率标准是判断合作社效率的经济原则，具有很强的操作性。在实践中可通过该标准衡量合作社内部治理的有效性，从而促进其管理创新。

第二层次是发展效率标准。从长期来看，合作社必须考虑可持续经营问题。而其能否可持续发展，既取决于合作社内部治理机制，也与外部环境的适配程度紧密相关。合作社的可持续发展效率是其始终保持较强市场竞争力的必要条件。因此将发展效率作为合作社效率的第二个层次，无疑是合作社科学决策管理的原动力。具体而言，发展效率标准不但要求合作社实现其投入产出效率目标，还要求其在技术创新等方面做出贡献，以适应时代进步需要。

第三层次是帕累托效率标准。合作社在追求内部效率的同时，可通过内部治理优化配置其控制的各类要素，促进资源在社会各部门间的充分合理流动，从而更多更好地创造经济、社会、生态、文化等多方面价值，充分实现合作社的社会功能，提高社会总福利水平。这就是合作社最高层次的效率目标。

三个层次效率的划分是对合作社发展同一事物的三个不同判断标准，采用不同层次的效率标准，对其经营发展会形成不同的影响。第一层次效率标准是基础，第二层次效率标准是对第一层次效率标准的长期化发展，第三层次效率标准是最高的目标。第一层次和第二层次的效率标准是微观效率标准，第三层次的效率标准是宏观效率标准。第一层次和第二层次效率标准是以"边际效率标准"为基础，而第三层次的效率标准是以"帕雷托效率标准"和"交易成本效率标准"为基础。在不同层次的效率标准下，合作社经营所能达到的最高效率只能是无限接近其效率标准线，如要实现更高效率，就必须以更高层次的效率标准为判断前提，提高其效率标准线，进而拓展其经营效率提高的空间。

可以看出，在第一层次效率标准下，合作社是以某一时点投入产出最大化为目标，其经营行为往往具有短期性，在追求成本最小和效益最大化过程中，实现了内部经营资源的合理配置，促进效率提高。在不考虑合作社与经济环境的关系、其核心竞争能力的培养与提高、长期的可持续发展的情况下，其效率提高达到一定程度后，就要受到第一层次效率标准线的约束。在第二层次效率标准下，合作社效率的提高又得到了新的发展空间。合作社与经济环境处于和谐适配的良性状况，业务始终能保持较强的竞争能力和盈利能力，减少或避免了短期行为，得到长期可持续的发展。第二层次效率标准仅从合作社自身角度进行价值判断，因此，没有考虑合作社社会功能的实现，其效率提高达到一定程度后，就要受到第二层次效率标准线的约束。第三层次效率标准是从全社会价值判断角度讲，它包含着第一、第二层次效率标准的所有内容，在这一标准下，合作社效率将得到极大的发展空间。这一标准广泛被接受用于社会福利的判断，对合作社来讲，这一标准是一种理想状态。

在合作社实际发展过程中，同一经营行为在不同层次效率判断标准，其效率结果并非完全一致。短期内片面、盲目的利润冲动行为在第一层次效率标准下是有效率的，但对合作社长期竞争能力和可持续发展能力并不能产生实质性贡献，甚至可能造成负面影响，那么，这一行为在第二层次效率判断标准下就是无效率的。而且根据价值判断主体的不同，第一、第二层次效率标准下，合作社效率目标也可能与社会整体经济目标相背离。也就是说，在第一、第二层次效率标准下有效率的经营行为，在第三层次效率标准下，可能就是无效率的。因此，合作社效率判断的三层标准既相互包含，又存在明显的不一致，是一个由低到高不断涵盖、递进的效率判断标准。

通过对合作社效率判断标准的三个层次的划分可以得出，第三层次效率标准是一种最佳的资源配置状况，是最具"效率"的状态。在这一状态下，合作社中一切可以利用的资源，包括资金、人力及社会资源都得到充分利用，不存在无谓的闲置；同时，这些资源在各个主体间得到了合理分配；并且，在这一"效率"状态下，这些资源产生的效用已达到最大化，改变资源配置的方式会使总效用水平降低。在经营实践中，我们有必要以第三层次效率标准来要求、约束我们的经营行为，但作为一种帕累托最优的理想状态，在存在多种不同目标的价值判断主体的非常复杂的社会体系中，这一最优状态并不能完全达到（杨金荣和康瑾娟，2008）。

2.4　合作社效率目标

合作社为了实现合作社成员利益最大化，需要不断优化合作社效率。依据合作社投入产出效率的动态性质，将合作社的效率划分为静态（短期）效率和动态（长期）效率。在短期内，合作社的发展目标是实现静态效率最优。

2.4.1　静态效率与动态效率的理论基础

在帕累托效率的基础上，将经济效率区分为静态效率与动态效率两个层次，并从理论上分析烟农专业合作社与经济效率的相关性。如图 2-2 所示，假设烟农可以有效利用全部资源生产出 X 和 Y 两种产品，在特定的生产技术下，X 和 Y 的潜在最高产量组合即生产可能性边界可以用曲线 PI 表示。因此，在生产可能性边界 PI 上的所有的点都符合帕累托的效率标准。这种资源配置是特定时点上的帕累托最优状态，称为"静态效率"。在现实中，市场失灵导致"静态效率"难以实现，但适当的政府干预政策通过弥补市场失灵可以实现帕累托改进，从而使资源配置的状态不断向"静态效率"趋近。图 2-2 中，生产可能性边界 PI 之内的点（如 A 点）都是静态无效率的，而能使 A 点向 PI 不断趋近的过程就是"静态效率"的实现过程。实质上，"静态效率"就是某一时点上的帕累托效率，因此，同一时点上的静态效率与帕累托效率是等价的。如果生产可能性边界向外扩展，从 PI 扩展到 $P'I'$，则说明资源在不同时点上的合理配置促进了经济增长，使经济社会在有限的资源条件下实现了产量的增加。在新的时点上，新的生产可能性边界 $P'I'$ 上的点代表的状态又都是符合帕累托效率标准的"静态效率"。因此，将资源在不同时点上的配置实现帕累托最优或者逐渐趋向帕累托最优，从而促进经济增长，称为"动态效率"。如果用两代人各自所处的时期表示两个不同的时点，则"动态效率"表示的就是跨期的资源配置实现帕累托最优或者逐渐趋向帕累托最优，从而促进经济增长。可见，促进经济增长是实现动态效率的核心。在图 2-2 中，生产可能性边界由于经济增长而从 PI 向外扩展到 $P'I'$，就表示一种"动态效率"的实现。

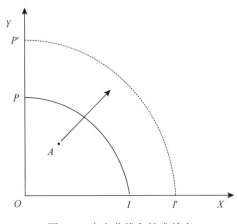

图 2-2　生产曲线和技术效率

2.4.2　合作社的短期效率目标定位：静态效率最优

正如上述分析，现实中合作社很少能实现效率状态，且合作社之间总存在效率差异。因此对效率的理论分析至少应包括两部分：第一部分是衡量其效率值，第二部分是探讨效率的影响因素（Kumbhakar and Lovell，2000）。本书重点分析经营规模、内部治理、外部环境等因素对合作社效率的影响。

1. 经营规模与合作社效率

规模是衡量合作社实力的重要指标之一。合作社规模扩大可分为横向和纵向两个方面。横向主要指合作社社员经济规模的扩大。一般来说，通过扩大经济规模可形成规模经济，获取更大的市场份额，提升合作社的竞争力。但规模的扩大对组织制度成本和管理水平的要求更高（何秀荣，2009）。换言之，合作社经济规

模的扩大在促进收益增加的同时也将增加成本。纵向指合作社业务向产前或产后
延伸。产前延伸是指向上游的农业生产资料生产环节延伸，如养鸡和养猪合作社
农户需要大量的饲料。一般而言，生产设备要求和技术含量不太高的上游企业可
内部化到合作社一体化系统中来。这样既可节约生产成本和交易成本，也不会承
担太大的市场风险。产后延伸是指向农产品加工业发展。一般认为农产品的深加
工可获得更高的附加值，但也需要更多的资金投入、面临更大的市场风险和更高
的人力资本要求（应瑞瑶，2006）。

　　总之，合作社横向和纵向规模的扩大，一方面可节约费用，获取更大的市场
份额，增强合作社与同一产业链上下游企业的谈判能力，有助于提高合作社效率；
但另一方面，随着规模的扩大，将会增加合作社的管理成本、协调成本、市场风
险等，导致效率下降。从理论上讲，合作社存在一个最佳规模点，即规模效率最
高的点。在达到这个点之前规模的扩大能促进效率提高，但超过这个点之后规模
的扩大将降低合作社效率。

　　这里需特别指出两点：第一，合作社是以实现社员利益最大化为目标的企业
组织，因此合作社的合理规模就是能使社员的利益得到最大增进的规模。这种合
理规模应当是既能有效获得经济收益，使合作社具备持续发展能力，又不会因此
影响合作社组织目的实现的一种规模（国鲁来，2005）。第二，合作社本身存在一
个适度规模的问题，且这种适度规模被要求随着社会经济活动规模的扩大而相应
扩大，合作社只有具有规模的动态适应性，才能实现较高的效率（何秀荣，2009）。

2. 内部治理与合作社效率

　　合作社的治理是一套制度安排，用来支配若干在合作社中有重大利害关系的
团体，包括投资者、经营者、惠顾者之间的关系，并从这种制度安排中实现各自
的经济利益（徐旭初，2005）。而合作社治理功能的发挥在于，作用于合作社的资
源配置和经营管理过程，从而影响资源的使用和流动，进而对合作社的效率产生
重要影响。具体而言，合作社治理中哪些因素对合作社效率产生影响？需要特别
指出的是，合作社的治理包括内部治理和外部治理，这里所探讨的是内部治理，
其基本框架以 2007 年《农民专业合作社法》为蓝本。

　　合作社的内部治理机构包括社员代表大会、理事会（理事长）、监事会（执行
监事）、经理层四个方面。社员代表大会、理事会（理事长）、监事会和经理层这
四个方面的权力分配与制衡的关系是：社员通过社员代表大会决定合作社的重大
事宜，选举理事会成员。由理事会（理事长）进行合作社的战略管理和重大决策，
选聘和考核经理。经理负责具体的生产经营活动，在理事会（理事长）的领导下
工作，对理事会（理事长）负责，并最终通过经理人的经营管理直接作用于合作
社效率。监事会（执行监事）是合作社的监督机关，对合作社的业务执行情况和

财务进行监督。监事会是指由多人组成的团体担任的监督机关，执行监事是指仅由一人组成的监督机关。依照《农民专业合作社法》规定，合作社可以设执行监事或者监事会。监事会（执行监事）不是合作社的必设机构。当合作社成员人数较多时，可以专门设立监事会。由于监事会开展工作主要通过召开会议的方式进行，故监事会会议表决实行"一人一票"制。

社员代表大会是合作社的最高权力机构，合作社的重大事项和理事会成员的选举由全体社员通过投票完成。理事会是合作社的决策机构，是确保社员利益的重要机构，社员通过理事会对合作社经理层的经营活动施加影响。合作社的重大投资项目、经营服务内容、盈余分配等均由理事会成员通过"一人一票"的方式表决。经理层是合作社的执行机构，由理事会或理事长聘用经理人员（可以由本社社员，包括理事长或理事担任，也可以从外面聘请）直接经营管理合作社，以实现理事会对合作社经营管理的效率目标。监事会（执行监事）是合作社的监督机构，主要是监督合作社的运行，包括监督、检查合作社的财务状况和业务执行情况，对理事长、经理人员进行监督，以督促他们按照社员代表大会的民主意志对合作社资源进行合理配置与经营管理，并实现合作社效率目标。

合作社社员代表大会的控制能力、议事能力、表决速度等反映了社员代表大会的表决效率。理事会中理事的胜任能力、对经理人员的遴选和领导能力、对重大事项的决策能力等反映出理事会的决策效率。经理人员的管理、执行能力为经理层的执行效率。监事会所追求的是其监督效率。由此，容易得出，合作社各机构的效率最优是合作社效率最优的必要条件。因此，合作社内部治理效率是实现合作社整体有效率的关键。

3. 外部环境与合作社效率

"环境因素既决定着组织形式的选择，又影响着组织效率的发挥。适应性效能，而不是配置性效能是长期经济增长的关键"。诺斯的这一论断说明了外部环境对组织效率的重要影响。由此可知，合作社的效率取决于其内部治理，也受内部治理与外部环境（外部治理）相容性的影响。这里的环境不仅指制度环境，还包括合作社运行的资源环境和市场环境。

1）制度环境

制度环境是指一系列用来建立生产、交换与分配机制的政治、社会和法律基本规则，如法律制度、政治体制、经济体制、社会传统等。Egerstrom（2004）运用波特的竞争优势理论分析了政治制度环境、文化环境等对合作社发展的影响，制度环境可能对处于该环境中的合作社提供正向激励或者负向抑制。由于制度处于不断变迁之中，制度环境也是不断变化的，组织适应制度环境的能力也会因此而不断改进。这就有必要引出"制度化"的概念。鲍威尔（2008）认为："新老制度主义……都认为制度化是一种状态依赖的过程，这种过程通过限制组织可以进行的选择，而使组织减少了工具理性的色彩。"制度化是一个历史过程。应用到合作社，制度化是指合作社的制度和行为受到所有这些制度环境的影响，不断地做出适应性的改变，使自己在这种制度环境中的生存能力不断提高（熊万胜，2009）。因此，制度环境及其变化对合作社的效率乃至生存有着重要作用。

2）资源环境

本书所指的资源环境主要是指区域资源环境，即在合作社所进行生产经营活动的区域内，与合作社组织相关的各种资源的种类、数量，更为重要的是这些资源的属性（公共物品、准公共物品、私人物品），当然，也涉及资产的专用性程度、规模经济性、范围经济性等。黄祖辉等（2002）认为，"合作社的成功创建和发展，必然是一个立足于区域经济、并与之相磨合、进而融入其中的过程。这不仅因为农业生产本身就具有地域性特点，还由于地域资源优势将在相当程度上保证现实经济利益的获得和制度创新成本的节约"。由此可见，区域资源环境是合作社产生、发展的土壤，对合作社的效率必然产生影响。区域资源优势能促进合作社效率提高，反之，区域资源劣势将阻碍合作社效率的提高。

3）市场环境

市场环境主要是指合作社产品交易的市场特征、市场规模、市场结构及市场体系的成熟度和有效性。这里重点阐述市场环境对合作社效率的影响，隐含的是竞争与效率的关系问题。合作社所在行业的进入退出壁垒、竞争强度、相关及支持产业和潜在替代者等影响着合作社的获利水平（Egerstrom，2004）。通常进入退出壁垒低的行业合作社较易进入，但竞争强度较大，激烈的竞争使合作社难以保持长久的竞争优势，除非改进生产技术和经营管理，设法提高其效率。反之，进入退出壁垒较高的行业合作社进入较难，但竞争压力相对较小，获利机会却较多。但处于宽松环境下的合作社并不一定能由于生存压力而有提高效率的动力。

总之，合作社所处的外部环境是影响合作社效率的重要因素，它由制度环境、资源环境和市场环境构成，这些因素作为外因，作用于合作社的内部治理要素，通过影响合作社的资源配置与利用，对合作社效率产生实质性作用（扶玉枝，2012）。

2.4.3　合作社的长期效率目标定位：动态效率最优

动态效率的核心是实现经济增长，而资源的跨期配置实现帕累托最优或者逐渐趋向帕累托最优是实现动态效率的途径，其中的"资源"指的是经济增长的源泉。从经济增长理论的发展史来看，经济增长的源泉主要包括物质资本、技术、知识积累、人力资本四个方面。因此，烟农专业合作社与动态效率的相关性就在于：烟农专业合作社通过改进物质资本和人力资本的跨期配置，进而对合作社经济效率产生影响。合作社在长期追求的是动态效率最优。

（1）物质资本与烟农专业合作社经济效率。在现有烟农专业合作社物质资本存量的基础上，进一步为烟农专业合作社提供生产经营活动所需的良好物质条件。一是要稳定完善基础设施投入政策。重点转向土地整理、机械化、新增土壤保育与改良、灌排设施装备、损毁项目修复、育苗设施更换、密集烤房设备更换投入。育苗设施、密集烤房、农机具日常管护费用纳入合作社服务成本；烟水工程、机耕路通过提取烟叶税解决日常管护费用。二是要优化烟叶生产投入补贴政策。稳定烟叶生产投入补贴比例，加大科技推广补贴，对土地流转平台建设与运行、烟叶生产风险保障进行补贴，加大专业化服务补贴。

（2）技术与烟农专业合作社经济效率。按照"优质、特色、生态、安全"的目标，坚持工业导向，强化烟叶科技创新，构建关键技术体系，加快科技成果转化，提高农业科技贡献率，为转变烟叶生产方式、深入推动现代烟草农业建设提供强有力的科技支撑，提升优质烟叶原料保障能力，促进烟叶可持续发展。加大烟草品种技术、植烟土壤保育技术、绿色防控技术、水肥一体化技术、烟草机械化技术、精益生产技术、采烤分收工序化技术、模块均质化加工技术、循环农业技术、烟叶信息化技术的研发和推广力度。

（3）人力资本与烟农专业合作社经济效率。烟草部门要开展理事长、经营管理人员和财会人员培训，建立合作社人才库；帮助合作社建立人才引进机制，鼓励农技人员、农村能人等加入合作社，提高合作社管理团队素质水平；积极探索对合作社职业经理、管理团队的目标考核、专项奖励等激励机制，引导社会能人进入合作社。要制订规划，明确目标，采取多种方式开展专业服务人员操作技能培训，重点培养机耕手、专业烘烤师和分级能手，并开展培训考核或技能鉴定，机耕、烘烤、分级环节要实现执证服务。要积极扩大服务规模，拓展服务内容，增加专业化服务人员的收入，保证专业队队长、技术能手的相对稳定。

2.5　合作社效率最优的实现机理

从上述分析中得知，合作社的投入产出效率实现最优是一个分时期或分阶段的动态发展过程。合作社要在短期，也就是第一阶段实现静态效率最优的前提下，去追求长期，即第二阶段的动态效率最优。

从静态的角度来看，根据分析可知，一个能够实现投入产出静态效率目标的合作社必须依赖于内部治理机制与外部环境（治理机制）的协调配合运行。外部治理因素对合作社的内部治理因素产生影响，进而内部治理因素通过影响合作社的资源配置，作用于合作社静态效率的实现过程（图 2-3）。

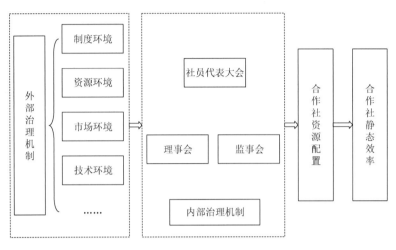

图 2-3　合作社静态效率的实现机制

图 2-3 表明，合作社外部治理因素是影响合作社内部治理效率的环境因素，它由制度环境、资源环境、市场环境等要素构成，这些要素作为外因，作用于合作社的内部治理要素，通过影响合作社的资源配置与利用决策，从而对合作社效率产生实质性作用。在合作社的外部因素中，制度环境具有基础性作用，它不仅作用于合作社的融资结构的形成，而且构成了合作社产权安排的外部约束。为保持合作社为成员使用和所有的本质特征，制度约束起到了根本性作用。

市场环境、资源环境等外部治理机制（环境）直接作用于合作社的内部治理要素，包括社员代表大会、理事会、经理、监事会、成员等内部要素，这些要素之间，只有社员代表大会与理事会、理事会与经理具有指令传递流，其余均为信息传递流；经理层发送的信息流越多，理事会接收的信息流越多；成员发送的信息流越多，社员代表大会接收的也越多；社员代表大会、理事会和监事会依靠经理和成员提供的信息进行判断。因此，这说明只有成员积极地参与合作社事务，提高参与效率；社员代表大会正确地行使表决权，提高表决效率；理事会充分发挥其科学决策功能，提高决策效率；经理层积极勤勉地对合作社进行经营管理，才能实现合作社资源的合理有效配置，在一定程度上实现企业效率的提高。这里需要特别指出的是，成员是合作社的主体和核心，因此，提高成员参与合作社各项事务的能力尤为重要。

从动态的角度来看，合作社内部治理要素之间的信息流交流到合作社外部，成为外部要素动态调整的重要诱因。同样，合作社外部要素的信息流作用于内部治理要素，使合作社内部治理要素的功能和作用得到有效发挥，促进合作社资源优化配置，以促使合作社实现动态效率最优。

总之，一个能够实现静态和动态效率目标的合作社必须依赖于内部机制与外部机制的协调配合运行（扶玉枝，2012）。

第3章　烟农专业合作社影响因素分析：基于内部治理的角度

3.1　问题提出

烟农专业合作社在推进行业规模种植、集约经营、专业分工等方面发挥了重要作用，同时也是加强烟农组织化、创新生产经营管理方式的有效途径。合作社内部治理问题仍然普遍存在。

3.1.1　规范烟农专业合作社制度运行

规范的规章制度是合作社高效运行的基石，纵观全国，大多数合作社依法建章立制，但是合作社内部治理的实际运行情况却与合作社规章制度存在偏差，主要表现为：民主决策机制不能充分落实，日常运作和重大事项大多由少部分的发起人决定，规章制度空悬；合作社监事会成员由理事会成员兼任，使得合作社的自我监督功能失效；直接影响合作社成员切身利益的盈余分配与合作社分配制度不相符，偏离合作社基本原则（李秀燕，2012）。

首先，烟农专业合作社的民主管理是合作社遵循的首要原则，是维护合作社成员基本权益的制度保障。然而，实践中，部分合作社在实际运行中并未践行"一人一票"的社员民主参与的决策机制，导致运作和管理具有很强的主观随意性，无法充分发挥合作社组织功能和效率。监事会作为合作社的监督机构，代表全体社员对合作社财务及业务执行情况实行监督，监事会作用的充分发挥是保证合作社良好运行的前提和基础，而实践中合作社理事会成员兼任监事会成员的现象确实存在，合作社的自我监督功能空悬，社员的合法权利和利益无法保障。其次，盈余分配作为合作社财务管理和会计核算的关键环节，关系到各方面的利益，合作社必须在严格遵守财务会计制度等规章制度的基础上，规范做好盈余分配工作。

3.1.2　强化合作社的各项监督机制

（1）专业合作社应该按照《农民专业合作社法》设立相应的监督机构。仍有部分专业合作社缺乏内部监督机构，也有一些合作社尽管按照章程规定要设立监事会或执行监事，但却是名不副实，完全没有起到监督作用。

（2）在合作社内部制定相应的规章制度，将监事会或执行监事的职权制度化、具体化。有分析表明，监事会或执行监事如果确实发挥了作用则会提升合作社的效率。因此，应该结合合作社运营情况将监事会或执行监事的职权制度化，例如，建立监事会例会制度、财务公开制度、离任审计制度、合作社重大事项决策监督制度等，使监事会或执行监事的职权能够落到实处。

（3）对监事会成员结构做出一定规定。监事会成员的身份也是影响内部监督能否顺利执行的重要原因。《农民专业合作社法》只规定了理事长、理事、经理和财务人员不得进入监事会或担任执行监事。从调研中我们发现，监事会成员中普通社员所占的比例非常小，这就导致能够代表普通社员的声音比较小。针对这一点，可以考虑进一步完善合作社法，从法律规范的层面提出在监事会成员中普通社员所占最低比例要求。

（4）烟草系统和地方政府要本着支持和保护烟农专业合作社的立场通过法律法规和定期审查等形式加强对烟农专业合作社规范化的监管。

因此，健全新型烟农专业合作社治理机制的一个重要任务就是要强化合作社的各项监督机制，使合作社的运营更加公开透明。这不但可以提升合作社的绩效，而且为合作社进一步赢得外部资源，如财政扶持、金融贷款、捐赠等提供了前提条件。

3.1.3 建立合作社职业经理人激励与绩效考评体系

面临综合化、专业化、市场化的管理需求，应该鼓励烟农专业合作社聘用职业经理人。在"社员代表大会-理事会-合作社经理负责制"的治理结构中，许多合作社过分强调理事会在合作社生产经营决策中的控制权，结果是经理事无巨细都向理事长汇报，这种现象在那些理事长较为强势、出资额占全部出资比例较大的合作社更为常见。另外，合作社在地理位置、薪酬方面都不具优势，难以吸引到优秀的管理人才。从烟农专业合作社发展的趋势来看，聘请职业经理人进行更加专业和富有成效的管理是一种必然，这样一方面可以提升合作社的管理效率，另一方面可以避免合作社中理事长由于权力过分集中而滥用权力的现象。与之相适应，应该建立起激励与绩效考评制度，对其业绩进行客观评估，这也是完善我国合作社监督机制与执行机制的路径之一（张淑惠和文雷，2014）。

3.1.4 提升烟农专业合作社专业化服务水平

国家烟草专卖局《关于 2014 年现代烟草农业基地单元及特色优质烟叶开发与精益生产试点等基地单元安排的通知》（国烟办〔2014〕46 号）明确提出，"服务的标准化是解决目前专业化供给与需求之间矛盾的有效途径，必须构建烟叶生产专业化服务的提供方式，构建稳定机制以适应精益生产的需要"。然而，烟农专业合作社在经营专业化服务的过程中存在种种问题，服务层次低。专业化服务中存在的问题主要表现在管理人员水平欠缺、服务项目单一、服务质量较低等方面。

第一，治理机构执行不得力。尽管各项专业服务规章制度较完善，但限于管理人员的文化素质和管理水平较低，对规范、章程和职责的理解不深入，在实际操作过程中得不到充分落实，不能充分发挥管理者职能。

第二，专业化服务项目单一。并非所有合作社都能为社员提供种类齐全的有效服务，多数烟农专业合作社的专业化服务只选择利润较高的服务环节开展服务，没有深入研究服务环节，降低服务成本。

第三，限于基础设施支撑力弱或专业化服务队素质较低等情况，合作社专业化服务实际辐射区域较小、服务范围窄，不能满足烟农需要，专业化服务质量较低。

第四，专业化服务队劳动力匮乏。烤烟生产需要大量劳动力，在农户田间管理需要较多劳动力的生产环节，专业化服务队人员与农户对劳动力的需求差距较大，绝大多数烟农仍需自己雇工。关键环节服务缺乏使得合作社专业化服务层次较低，不能满足社员需求，服务功能弱化（李建华等，2016）。

3.1.5　提高烟农专业合作社运营绩效

烟农专业合作社的主要功能是为社员提供烤烟生产的专业化服务，与此同时，其作为一个独立的经济组织同样需要产生经济利益，确保自身的生存与发展。

目前烟农专业合作社整体运营绩效水平偏低，主要体现在：第一，经营规模总体偏小，盈利能力不足。第二，社员的满意度不高。由于烟农专业合作社治理结构的形式化，形成少数人实施管理，没有充分实现民主管理，导致社员对其管理事务的满意度、认可度和接受程度较低。第三，缺乏内生动力。烟农专业合作社对内提供专业化服务业务乏力、对外的经营水平不高，过度依赖行业的帮扶和支持（黄胜忠等，2008）。

由此可见，要提高烟农专业合作社的经营绩效必须建立健全灵活有效的内部治理机制，并使其高效运转来适应现代烟草农业发展的需要。

3.1.6　提高烟农专业合作社风险管理意识

在生产经营过程中，烟农专业合作社受自身或外界因素的影响，可能发生遭受损失的情况，就是烟农专业合作社风险。作为烤烟产业中的特殊经济组织，烟农专业合作社的运营除了受自身状况影响外，还受农业风险的影响。农业风险管理的功能主要包含两个方面：一是降低发生农业风险的可能性；二是减少烟农在农业风险中受到的损失（刘文丽和邓芳，2012）。

从烟农专业合作社经营管理的各个环节来看，受行业特性、环境及成员素质等因素影响，合作社面临诸多风险袭扰，主要风险包括制度风险、管理风险及财务风险等。制度风险主要表现在组织制度设立时未充分考虑自身实际情况，缺乏实际意义，章程不明确，产权不明晰，权责不清楚，民主管理未实现，监督职责未履行。管理风险主要是社员素质普遍偏低，导致管理水平总体相对落后，再者，缺乏对合作社的管理具有较强指导作用的相关政策，应急处理机制欠缺等。财务风险主要表现在：一方面，由于法律知识匮乏等，在筹资及经营过程中存在着较大的财务风险；另一方面，财务管理制度不完善，尤其是盈余分配制度普遍不规范，相应财务管理机制的缺乏使得烟农专业合作社无法良好运行。

由此可见，烟农专业合作社的绩效与其治理机制关系密切，提高合作社的组织功能首先要优化内部治理。作为建设现代烟草农业的主要组织载体，烟农专业合作社需要实现合作社内部优化治理，提高其管理效能以适应行业的发展。

3.2　合作社治理的理论基础

在试图探究合作社的治理议题时，作为重要参照系的企业（尤其是现代企业，即公司）的相关治理理论自然成为合作社治理最为直接的理论来源。

在近半个多世纪以来，公司治理无疑已经成为商业世界的主导议题，然而，需要注意的是，公司治理已经发展成一个全球性事件，成为日益复杂的议题，如法律、文化、所有制等结构性问题均被包含进来。虽然，随着公司制度的逐步发展和完善，相关的公司治理理论纷至沓来，如委托代理理论、交易成本理论、利益相关者理论、管家理论、路径依赖理论、资源依赖理论、网络治理理论等，但是，在经典意义上，对公司治理的发展具有关键性影响的理论主要还是交易成本理论（或交易成本经济学）、委托代理理论和利益相关者理论等三大基础理论（Mallin，2004）（图3-1）。

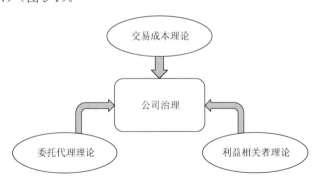

图 3-1　公司治理的三大基础理论

3.2.1　交易成本理论

"交易"（transactions）概念虽然不是由制度经济学家康芒斯（Commons）所提出的，但却是由他将这一概念一般化为经济研究的基本分析单位。康芒斯（2013）认为，古典经济学家把他们的理论建立在人与自然的关系上，但制度经济学家则必须将其理论建立在人与人之间的关系之上，古典经济学家眼中的最小经济单位是消费者购买的商品，但制度经济学家眼中的最小经济单位则是参与者间的一单位活动交易。因此，"交易"不仅仅是简单的物品或劳务的双边转移，还是个人间的财产权与自由权的转让与获取。经由"交易"的概念，Coase（1937）首先在《企业的性质》（*The nature of the firm*）一文中，为了回答企业存在的理由，首先提出了"交易成本"（transaction cost）的概念。另外，Coase（1960）在另一篇论文《社会成本问题》（*The problem of social cost*）中提出，市场交易的成本包含了搜寻有意愿交易的对象、告诉人们企业的交易意愿及交易物品、执行协商而后议价、签订契约、着手监督以确保契约被执行等成本。或者，简言之，一切不直接发生于物质生产过程中的成本，均可被称为交易成本（张五常，2000）。需要指出，交易成本理论起初并没有受到太大的重视，直到 1975 年，Williamson 整合了 Coase 等的观点，出版了交易成本理论的相关书籍，交易成本理论才开始受到重视。

关于交易成本理论的基本假设，Petersen 和 Rajan（1995）总结指出，交易成本理论对于人们的行为有两个最为重要的基本假设，即有限理性及投机主义。有限理性是指人们的能力有限，因此无法准确地估算或收集正确的信息并切实地表达自己的想法；投机主义则是指人们除了会依照自己的意愿行动外，还会策略性地隐藏某些信息并做出对自己有利的行动，并无时无刻不伴随着投机、欺骗的心态。在这两个重要假设下，各种交易必然会伴随着交易成本的产生，例如，在市场中进行交易时，卖方需调查买方的偏好，买方也需要知道卖方的信用如何，而在单一组织内部，信息的收集、传递及运用并做出决策也都需要花费成本，如果因制度设计的问题而让其中的成员倾向于做出投机行为，则组织需付出的交易成本就会增加。而为了降低成本，相关成员也需制定出一定的治理方式，而不同的治理方式也会带来不同的成本支出，因此交易成本的高低会影响到治理方式的选择。

此外，Williamson（1975）将交易成本区分成事前（ex-ante）与事后（ex-post）两大类，并更进一步地提出了交易成本的研究架构，他还提出了交易成本的三个主要影响因素：不确定性（uncertainty）、资产专用性（asset specificity）与交易频率（frequency），由此为后续研究者验证交易成本提供了一个明确的方向。其中，

①不确定性是指任何一次交易都有可能因为成本、环境、他人偏好、信息、时间点等因素而产生不确定性，不确定性越高的交易，交易成本就越高。②资产专用性表示若交易一方为了另一方的特殊需求而添购资产，且该资产只在本交易中具有其价值，则这笔交易就拥有资产专用性的特色；Williamson（1985）指出，资产专用性主要表现为四种形式，分别是物质资产专用性（physical asset specificity）、场地专用性（site specificity）、人力资产专用性（human asset specificity）和专项资产（dedicated assets）。③交易频率则是指要区分交易是属于一次性的还是重复的，因为固定频率以及不定期交易之间所形成的交易成本都是不一样的。在这三大因素中，又以资产专用性对交易的影响最大。Williamson（1981）曾指出，专用性程度很高的资产代表着高度的沉没成本，该沉没成本一旦离开了特定的交易关系，就几乎不再具有任何价值；同时，资产专用性的存在会导致很容易交易的某一方被套牢（holdup），因此，资产专用性越大，相关组织越倾向于将此交易内部化以避免因市场交易而产生被套牢的情况。

为了有别于传统的制度经济学，Williamson（1975）首次将以交易成本理论为基轴的经济学命名为"新制度经济学"（new institutional economics），以区别于以 Mitchell 等为代表的制度经济学。不过直到1991年，Coase 获得了诺贝尔经济学奖的肯定，新制度经济学才开始大放异彩；1993年，另一个新制度经济学者 North 也获得诺贝尔经济学奖的肯定；到2009年，Williamson 再次让新制度经济学获得诺贝尔经济学奖的肯定。

自此，交易成本理论已经是经济决策领域的最为重要的理论之一，其将交易成本视为经济决策的基本逻辑，通过达至最小生产与交易成本，让企业得以在竞争中获得生存。

研究表明，烟农专业合作社是产生交易费用较低的一种重要组织形式，在大幅度提高烟农收入和烟农组织化程度上起着显著作用。在合作社模式下，烟农专业合作社可以在更大程度上保护烟农利益，降低交易成本，烟农专业合作社在发展壮大的过程中也可以实现规模经济，是一种较好的组织选择。

3.2.2　委托代理理论

自从 Berle 和 Means（1932）在《现代企业与私人财产》（*The Modern Corporation and Private Property*）一书中正式提出了所有权和经营权（或管理权）分离，或称所有权与控制权分离的命题，突破了传统的企业利润最大化的假说并开创从激励角度研究企业的先河。在此基础上，再加上 Coase（1937）对企业契约关系及交易成本的论述，在这两大基本命题背景下，委托代理理论（principal-agent theory）（也可称为代理理论）横空出世。

　　Jensen 和 Meckling（1976）指出，委托代理理论主要讨论委托人（principal）将工作委任给代理人（agent），并授予代理人一定的执行权力后，双方所发生的互动关系与代理问题。广义而言，只要一个人（或主体）代理另一个人（或主体）去行使某项工作或职权时，这两人（或主体）之间就存在着代理关系。不过，关于委托代理理论的确切起源问题可谓众说纷纭，其一，源自 Alchian 和 Demseta（1972）的论点，他们认为委托人与代理人虽有合作行为，但现实中两方却常有不同的目的，因此启发了后续学者开始探讨公司内部的代理关系、风险分摊及监督机制等议题；其二则是 Williamson（1975）为代表的交易成本理论的延伸。交易成本理论认为，公司的出现降低了市场的交易成本，当公司的规模越大，就越需要有系统的专才管理和分担风险，此时公司的所有权和经营权便会分开，雇用职业经理人行使代理人角色经营公司，但是委托人和代理人之间的立场并不一致，因此会出现代理问题。

　　可以肯定的是，Jensen 和 Meckling（1976）用委托代理理论对 Berle 和 Means（1932）的两权分离命题重新展开了分析，由此引发了委托代理理论的研究热潮。之后，陆续有学者验证了 Jensen 和 Meckling（1976）的结论的正确性，即外部股权的增加与基于管理者的代理成本成正比。

　　然而，不论委托代理理论的具体起源究竟为何，自 Arrow（1963）首次提出了"非对称信息"（asymmetric information）的概念后，许多学者才开始关注并研究"信息"对组织的影响，尤其是 Akerlof 在 1970 年发表了著名的《柠檬市场：质量的不确定性与市场机制》（*The market for lemons：quality uncertainty and the market mechanism*）一文对非对称信息或信息不对称问题做了进一步阐述，此后，信息不对称假定成为委托代理理论的重要理论前提。

　　当某方的工作有求于另一方时，彼此间便存在委托人与代理人的关系，但由于委托代理理论假设人们具备"自利动机"和"有限理性"，当组织内部存在信息不对称及委托人难以衡量代理人的贡献时，便会出现逆向选择（adverse selection）和道德风险（moral hazard）等问题。具体而言，逆向选择是指在交易契约签订之前，委托人并不清楚代理人的所有信息，而只能依自己偏好的选择作决策；而道德风险则是指若委托人无法对代理人进行有效的监管，代理人有可能会做出利己却不利于委托人的行为。因此，为了避免这些问题的产生，委托人要对代理人做出有效的监管，而另一个方法是在契约中安排激励机制，其中，Milgrom 和 Roberts（1992）的研究即在探讨委托人和代理人之间应通过哪一种契约建立关系比较合适。综上可知，如何衡量代理人的贡献、如何激励代理人努力工作以及如何订立契约就成为委托代理理论亟须探讨的主要内容。Eisenhardt（1989）认为委托代理理论除了解决风险分摊（risk sharing）的问题外，也要制定最有效率的契约，以规范委托人与代理人之间的关系，并解决委托人与代理人的目标冲突问题。因为当握有信息优势的代理人专注于追求个人利益最大化时，必定不会处处都为委托人的最佳利益打算，故委托人应设计适当的监督与激励机制来约束和引导代理人的行为，使代理人能做出符合委托人利益的决定。不过，在执行监督管理机制时会产生无法避免的代理成本，依据 Jensen 和 Meckling（1976）的定义，代理成本是下列三种成本的总和：①委托人的监督成本（monitoring cost）。委托人为了防止代理人的投机行为，运用契约设计来监督或激励代理人所产生的额外费用，如薪酬制度、预算制度与审计核查。②代理人的自我约束成本（bonding cost）。为使委托人相信自己能依照委托人的最大利益来行事，代理人有时也会花费成本并限制自身的某些行为，以证明自己将会遵守双方约定的契约，如通过正式的会计程序与管理制度。③残余损耗（residual loss）。在层层的监督与约束制度下，无可避免地使代理人缺乏足够的弹性及时采取行动，而让组织丧失了创新与获利的机会成本。

总而言之，委托代理理论主要探讨委托人与代理人的互动以及两者间的契约关系，委托人将任务交付给代理人执行，希望通过监督与激励两种机制来引导代理人完成委托人的目标，然而在机制的建构中会出现委托人与代理人之间的目标冲突与信息不对称等两大问题，造成委托代理的过程中产生代理问题。因此，该理论即认为要达成有效率的目标，必须降低信息不对称，并在最小的代理成本下通过理性的制度规范，以最佳的契约或机制让代理人得以完成委托人的目标。

作为新制度经济学中最具影响力的理论，委托代理理论与交易成本理论一起形成了微观经济学基础理论的突破，即现代企业理论。如果说交易成本理论是研究企业与市场的关系、企业的边界，重点放在市场和企业（纵向一体化）的选择上，那么委托代理理论的研究则聚焦于企业内部结构与企业中的代理关系，关心企业的内部结构（横向一体化）的问题。可以说，作为近三十年来经济学的前沿和热门领域，委托代理理论早已成为现代公司治理的逻辑起点。

3.2.3　利益相关者理论

"利益相关者"（stakeholder）一词最早出自斯坦福研究所（Stanford Research Institute）1963 年的一份内部备忘录，这份备忘录提出，对于企业而言，存在某些重要的群体，如果企业没有这些群体的支持则无法存在。

"利益相关者"概念虽然提出较早，但并未广泛地运用于管理文献，直到 1984 年，Freeman 的《战略管理：利益相关者方法》（*Strategic Management：A Stakeholder Approach*）一书出版，才将"利益相关者"的概念与理论正式带入了公司治理领域，利益相关者理论才开始受到重视。Freeman（1984）对"利益相关者"的界定相当广泛，即"在一个组织中会影响组织目标或被组织影响的团体或个人"。深究此定义可以看出，Freeman 认为所有具正当性的利益相关者都有其内在的价值，企业与利益相关者的决策均相互影响，而多样化的利益相关者将塑造公司经营的多元化目标。

公司究竟存在哪些对其具有重要影响的利益相关者？Freeman（1984）在其最先勾勒出的利益相关者图像中主要涵盖有：当地社区、股东、消费者、消费者保护团体、竞争者（同行）、媒体、员工、特殊利益团体、环保主义者、供应商及政府，公司是一切关系的核心，而其与部分利益相关者之间是隐含着对抗性质的协同行动。进而，Jones（1995）又把利益相关者分为"内部利益相关者"（inside stakeholders）与"外部利益相关者"（outside stakeholders），其中，内部利益相关者包括股东、管理者及员工，这些人对公司的资源有最直接的主张，外部利益相关者则包括顾客（即消费者）、供应商、政府、工会、当地社区及一般大众，这些人不拥有，也不为公司工作，只是有一些利益在公司内。

同样地，类似于 Freeman（1984）与 Jones（1995）对利益相关者的界定，Pestoff（1998）还提出"多元利益相关者"（multiple-stakeholders）概念。他认为利益相关者可能是许多的个人或是团体且对于公司有合法性的要求，而合法性的建立是通过交换的关系，允许利益相关者们对公司有要求的权利、投资公司与举办相关活动；在这样的脉络下可看见公司的过去、现在与未来。而多元利益相关者包含了股东、债权人、管理者、员工、消费者、供应商、当地社区、政府。但是，这些利益相关者之间可能会有不同的利益冲突与成本考量，例如，员工想要求更高的薪资、消费者要求更低的价格、供应商则要求更高的价格、当地社区居民则要求低污染且高品质的生活环境，而且以上所有的事情都包含资源的使用。在传统上，企业组织都是透过经理人来让资源达到最大化的配置效益，并且让利益相关者之间的冲突达到一个平衡。但当利益相关者的来源变得多元化且分散开来，或是当没有任何团体能够清楚了解公司所拥有的整个资源以及如何分配时，经理人与利益相关者之间就会产生信息不对称，容易形成管理者拥有了更多的控制自由，相反地，相关的利益相关者却无法获得公司活动的完整信息。

自 20 世纪 80 年代开始，以 Freeman 为代表人物，利益相关者理论取得了长足发展，不仅在公司治理领域得到了广泛认同，而且在战略管理、企业社会责任（corporate social responsibility，CSR）等方面占据了一席之地。其中，在公司治理领域，最为典型的代表性事件就是，在作为国际性基本准则的经济合作与发展组织（Organisation for Economic Co-operation and Development，OECD）的《公司治理准则》中，在对"公司治理"进行界定时充分肯定了利益相关者的重要性，其定义如下："公司治理涉及整个公司经营管理层、董事会、股东以及其他利益相关者之间的关系，旨在提供一个治理框架，而有助于公司发展目标和目标实现手段的确定，并对执行过程进行监控。"

3.3　治理机制与烟农专业合作社效率的内在机理

"治理结构"是一个在 20 世纪 90 年代被经济学家大量用来系统分析公司内部情况的范畴。尽管学者们对于治理结构的定义各有侧重，但是对于关键的内涵看法基本一致，这表现在以下几个方面。

（1）治理结构的当事人包括股东大会、董事会、监事会、经理和其他利益相关者，在具体组织类型有所差异。

（2）治理结构是以合理配置公司控制权和剩余索取权为核心的结构性产权契约制度安排。

（3）构建治理结构的目标是通过该制度安排解决组织内部的激励等问题，以促进组织目标的达成。

在建立现代企业制度中，公司治理结构通过设计一系列的治理机制来解决关系公司成败的两个基本问题：一个是协调企业内部各利益集团之间的关系；另一个是协调股东与企业的利益关系，确保投资者（股东）的投资回报。对于烟农专业合作社而言，要解决其发展过程中出现的问题，提高其经营效益和服务效率，就是要建立与其治理目标相匹配的决策机制、监督机制和激励机制。

3.3.1　决策机制

完善的决策机制可以保证组织决策的正确性和科学性。决策机制不仅包括理事长、理事等日常决策层的产生机制、社员的退出机制等，还包括投资决策、经营决策等内部决策的程序。通常这些机制不是独立运行而是相互影响、相互制约的。

从烟农专业合作社社员异质性倾向来看，假如社员异质性在合作社的发展过程中得不到有效的消除，为了平衡不同成员之间的利益矛盾，使决策能够充分关注合作社长期利益，解决方案之一是设立合作社理事会（Condon，1987）。

也有学者提出，不强调社员个个入股、不强求股东均衡持股，只要发挥好"一人一票"的民主管理机制，在确保理事会、监事会之间相对同质性的情况下，就可以实现理事会、监事会的有效制衡（徐旭初，2008）。

3.3.2　监督机制

烟农专业合作社的监督机制主要是通过合作社内部监督机构对合作社经营管理者的经营结果、行为或决策所进行的监察与督导。有效的监督是提高合作社效率的保障，其中对理事会的监督是合作社监督机制的核心内容，合作社成员可以通过选举理事会成员并通过理事会对合作社管理层产生影响（黄胜忠等，2008）。

3.3.3　激励机制

不管是哪种类型的烟农专业合作社，都要追求一定的经济效益。要实现这一目标，需要一个类似于投资者所有企业经理人的决策者，这样合作社作为需要管理者的组织也存在委托-代理问题。专业合作社要想提高管理效率，必须要很好地解决激励问题。当然，由于组织形式不同，合作社的管理者与经理人存在很大差异，合作社经理所面临的任务更为艰巨（Cook et al.，2004）。

具体表现为，合作社的剩余索取权不能在市场上交易、不能使用股权激励和股权认购的方式酬劳成功的管理者，这样导致合作社管理者的行为既不能通过股票市场的价值反映进行监督，管理者也不会面临恶意收购和破产的威胁。因此，合作社成员很难保证经理人员按其利益进行运作（Staatz，1987）。

此外，声誉机制也是解决烟农专业合作社这一类会员制组织激励问题的重要方法。对于一个合作组织来说，其成员中存在的信任、相互理解、归属感可以有效地降低成员之间的交易成本。对于合作社中的受托人而言，他们的经验、威望和正直等社会声誉资本代表着一种资产，受托人珍惜自己声誉资产的愿望是解决激励问题的一种有效方式（Hakelius，1996）。

3.4　完善烟农专业合作社内部治理机制实践

健全的治理机制是合作社良性运转的基础和前提。烟农专业合作社在快速发展的同时没有及时建立起与之相适应的治理机制，导致在发展中出现了许多问题，影响了合作社的效率。

（1）原则上每个烟叶基地单元成立1～2家烟农专业合作社，合作社应设立社员代表大会、理事会、监事会，"三会"职权需在章程中清晰明确。烟农专业合作社成员超过150人的，可按照章程规定设立社员代表大会，行使社员大会的部分或全部职权。

（2）理事长、理事、监事长（执行监事）、监事由社员代表大会民主选举产生，依照章程的规定行使相应职权，负责合作社决策和监督。理事长、理事、经理和财务会计人员不得兼任监事，卸任理事须待卸任两年后方可当选监事，监事长可列席理事会会议。

（3）本着精简、高效的原则，合理设置烟农专业合作社的日常运营机构。由理事会决定聘任经理，按章程规定和理事会或理事长授权，负责本社生产经营的服务活动。理事长、理事可兼任经理，也可考虑烟农辅导员、社会能人、大学生村官等担任经理。

（4）烟农专业合作社应合理配置财务会计人员、专业化服务队队长及其他管理人员。烟农专业合作社下设专业化服务队，队长可在专业化服务队成员中选举产生，也可由经理聘任，负责专业化服务队的组织和具体服务的实施。遵循"社统队分、分队核算"的原则，正确处理好合作社和专业化服务队的关系。专业化服务队作为合作社的下属管理组织，主要从事烟叶生产各环节服务的具体操作实施与考核。合作社对各专业化服务队进行统一管理、统一调配、统一结算，制定各环节专业化服务的定价机制、作业标准、考核办法等。

（5）理事会、监事会成员原则上不领取固定报酬，但在从事合作社决策、监督职能时，予以误工补贴，补贴范围和标准应由合作社章程规定或社员代表大会决定；经理薪酬的支付方式和标准由社员代表大会决定，原则上薪酬水平与业绩挂钩，与当地收入水平基本持平；财务会计人员、专业化服务队队长及其他管理人员报酬由社员代表大会决定或经社员代表大会同意由理事会决定是否支付，并决定报酬支付标准。

（6）烟农专业合作社可按照相关程序聘用烟草部门员工为合作社管理人员，但不担任合作社理事长，也不能同时担任理事和监事，原则上不在合作社领取报酬。

3.5　案例剖析：运林烟农专业合作社的管理实践

3.5.1　构建经营管理团队

合作社本着"规范管理、提升效率、激发活力"的目标，建立健全内部治理结构，完善人才选拔聘用机制，明确人员分工和岗位职责，构建一支业务素养较高、管理能力较强、技能水平过硬的经营管理团队。

1. 落实"三会一经理"制度

合作社民主选举社员代表、监事会和理事会成员，决策管理由社员代表大会和理事会负责、监事会全程监督民主决策和经营管理，经营管理由经理负责，真正实现了决策层与经理层的分离。合作社选举社员代表 26 名，理事会成员 7 人，监事会成员 7 人。理事会和监事会成员均无社会兼职情况。理事长属于种烟大户，具有一定的组织管理和烟叶生产经验；监事长为烟叶工作站站长，从事烟叶生产管理工作超过 30 年。理事会根据社员代表大会赋予的职权行使日常经营管理决策权，并聘用经理、片区经理、会计、出纳等管理人员。监事会行使监督权，监督合作社各项经营管理工作。

2. 优化岗位设置，强化业绩考核

在日常经营管理上，设经理 1 人、片区经理 6 人、综合管理人员 1 人、会计 1 人、出纳 1 人。经理负责整个合作社日常经营管理工作，实行"理事—经理—片区经理—专业化服务队"的层级管理结构，建立完善的考核机制，考核结果与工资挂钩，充分调动了各岗位人员工作的积极性。

3.5.2　强化固定资产管理

由烟草部门与合作社签订资产移交使用协议，通过签订资产移交使用协议，将烘烤工场、育苗工场和农机等可经营性资产移交给合作社使用，明确合作社享有资产使用权、收益权和管护责任，行业保留资产的运营监管权和最终处置权。同时，指导合作社建立资产管理制度、完善资产台账和档案管理卡，分类统计合作社资产，每半年对物资进行一次盘点，保证了资产的安全和合理使用。

3.5.3　全面落实专业化服务

合作社以烟叶专业化服务为主营业务，通过优化服务流程、明确作业标准、严格检查考核、坚持烟农参与等措施，为社员烟农提供质优价廉的服务项目，专业化服务管理和服务质量得到了烟农的广泛认可。

在专业化服务模式上，因地制宜，实行"统一经营"和"互助服务"两种模式，以"统一经营"为主要模式，以"互助服务"为补充。

"统一经营"是指由合作社独立运行，按照"制定价格—服务申请—签订协议—服务准备—服务开展—服务验收—服务结算"的流程开展业务。

"互助服务"是指由合作社提供部分设备和全部技术指导，在烟地较为分散的区域，由烟农组成互助小组，推选出组长，由组长组织专业化服务作业，而合作社不再收取服务费用。"互助服务"模式解决了在烟地坡陡零散区域烟农的专业化服务问题，为烟农提供了便利。2017 年实现利润 146.32 万元。

3.5.4　积极拓展多元增收渠道

坚持以烟为主的前提下，建立多元经营管理机制，科学制订发展规划，利用行业设施设备条件，拓展多元增收渠道，提升自我经营管理水平和持续发展能力。

1. 利用设施条件发展经营项目

合作社以市场为导向，充分利用育苗工场、基本烟田开展西瓜、马铃薯、萝卜、白菜种植，2017 年累计实现利润 17.2 万元。

2. 提供物资采购增值服务

免费为烟农社员提供物资采购增值服务，统一烘烤煤炭采购业务，通过联系煤炭供应商，综合价格和质量等因素，确定合格供应商供烟农选择，烟农煤炭购买价格平均降低 50 元/吨左右，有效降低了烟叶烘烤成本。

3. 积极拓展其他产业项目

一是拓展有机肥生产业务。2017 年共堆制有机肥 1125 吨，实现盈余 66.18 万元。二是组织劳务用工服务。积极承包基地单元烟叶收购的打包和搬运业务，增加烟农的务工收入。

3.5.5 经营运行规范到位

通过强化制度建设，加大帮扶力度，完善财务档案，实施审计监管，推广财务信息系统，以财务管理为主线，全面规范合作社经营管理行为。

（1）规范的财务管理制度。合作社建立了财务管理制度，统一会计科目、会计凭证、财务报表、财务单据和资产台账等。每年年底委托第三方审计单位对合作社财务进行年度审计，审计情况向所有社员公示。

（2）加强监管管理。烟站站长担任合作社监事长，监督合作社财务管理行为，通过规范制定费用标准、明确审批流程和审批权限、避免公款私存和大额现金支出，坚持重点费用和大额支出定期公开公示，有效保证了财务"收支两条线"管理，体现了财务管理公开透明、民主管理，规范行业补贴资金管理。

第4章　烟农专业合作社影响因素分析：基于规模的角度

4.1　问　题　提　出

我国烟农专业合作社经历了近十年的探索发展，明确了发展方向，烟农专业合作社发展内部规范，对烟农的覆盖面也迅速扩大，并且在发展中积累了宝贵的经验，探索了一些发展的好路子。但是烟农专业合作社总体上还存在着规模不经济的问题。

烟农专业合作社的规模经济既是一个理论研究问题，也是一个实践研究问题。规模经济刻画了烟农专业合作社的规模与成本效益的关系，范围经济刻画了烟农专业合作社提供多种服务的成本收益状况。首先，本章从经济理论的基础上探讨烟农专业合作社规模经济，对烟农专业合作社的规模经济进行定性分析。其次，提出烟农专业合作社的扩张具有适度边界问题。烟农专业合作社的规模经济研究不仅可以为目前出现的烟农专业合作社扩张提供理论说明，也能为烟农专业合作社扩张的合理边界提供一种研究方法上的依据和通达途径。最后，结合目前烟农专业合作社的现实环境，提出实现烟农专业合作社的规模经济的策略。

4.2　理　论　基　础

4.2.1　投入-产出理论

烟农专业合作社的经营效率定义为投入产出效率，即在投入一定的条件下实现产出最大的能力，或产出既定条件下实现投入最小的能力。对处于规模报酬递增阶段的合作社而言，其投入还没有达到最优化，应该重视其投入部分，通过增加投入比例和优化投入结构的方式使合作社扩大规模，提高效率；而对处于规模报酬递减阶段的合作社来说，盲目地增加资源投入量未必是最优决策，而投资资源的冗余和过量的消耗是其经营效率下降的关键所在，为此需要在满足规模经济的基础之上调整、优化投入比例和提升资源利用效率，从而提升经营效率。

对于烟农专业合作社来说，投入方面可以通过四个方面来衡量：①固定资产总额。资本是烟农专业合作社重要的投入，且现阶段烟农专业合作社的固定资产主要来源于烟草行业的补贴,它反映了合作社提供专业化服务的实力和发展潜力,也反映了烟草行业的扶持力度。②烟农成员数量。它既是反映合作社规模的一个重要指标,也是体现合作社以烟农为主体的重要表现,因此,选择烟农成员数量作为合作社劳动投入指标是合理的。烟农成员数量较多的合作社表明其对烟农的吸引力较强,可能合作社的经营绩效较好,盈利能力较强。③专业化服务技术培训。由于烟草的计划经济和专卖体制,烟农专业合作社不用考虑销售环节的问题,在烟农专业合作社的发展中,提高专业化服务效率是重点,从而达到减工降本,提质增效的目的。合作社为本社成员提供的专业化服务技术服务培训次数,在一定程度上代表了合作社的专业化服务技术进步水平。④年经营支出。该指标主要可以反映烟农专业合作社在日常支出中对合作社内部的一些管理费用、专业化服务支出、多元经营支出等,既可以与年经营性收入一起体现盈余,也可以体现出合作社为烟农提供专业化服务的投入。产出方面可以通过两个方面来衡量:①经营收入。烟农专业合作社本年内在管理、提供专业化服务、多元化经营等方面所形成的经济利益总流入,主要反映合作社在一个会计期间内的经营成果,能够集中体现合作社的收入规模及整体发展状况,年经营收入越高,表示合作社的经营效果越显著,可从盈余及盈余分配表中获取该指标数据。②可分配盈余返还额。可分配盈余返还是合作社服务社员,保障社员根本利益至关重要的一个指标。可分配盈余返还额越高,表明合作社效益越高,竞争能力越强,成员受益,合作社对成员的吸引力越大。

要从根本上提高烟农专业合作社的整体经营效率,可以从以下几方面加强,进而提高其竞争力与生存力:第一,可通过合理引导和指导合作社发展,加强目标管理,适当调整现有的投入结构和充分利用已有资源,防止盲目增加数量或扩大规模,以减少无效投入和资源浪费,从而实现高效率、低成本的转变。第二,完善合作社运行机制,推进内部管理规范化。可以借鉴行业示范社的经验,完善合作社决策、利益分配、激励等机制,落实合作社普惠思想,优化合作社盈余返还比例,鼓励成员积极参与合作社日常事务,从而达到提高经营效率的目的。第三,综合效率低的主要原因是较低的纯技术效率,而合作社经营管理水平不高是造成纯技术效率偏低的原因。因此,相关部门应加强提高合作社负责人的经营管理水平和社员的培训,提升人力资本。对于合作社负责人,应着重提高其组织管理能力、资源配置能力、经营决策能力;对于社员而言,应着重加强经营管理知识、合作精神方面及实用性烟叶生产技术方面的培训。第四,合理调整扶持政策和资金。合作社处于规模报酬递增阶段,表明现阶段大部分烟农专业合作社的投入不足,适当增加投入可带来较大的产出。为此,相关部门应合理加大对合作社的扶持力度,引进先进的专业设备,引导合作社因地制宜地开展专业化服务和多元化经营。第五,提高合作社的科技水平。相关部门要积极构建层次多元、资金投入渠道丰富、人员队伍稳定的农业科技推广体系，从而促进烟农专业合作社科技水平的提升（刘文丽等，2016）。

4.2.2　规模经济理论

规模经济理论说明，烟农专业合作社通过扩张实现规模报酬递增的原因必然是烟农专业合作社规模的扩大带来的生产效率的提高。主要表现为生产规模扩大后，烟农专业合作社能够利用更加先进的技术和机器设备等投入要素，随着更多人力和物资的使用，烟农专业合作社内部的生产分工也能够更加合理化和专业化，同时，较多人数的培训和具有一定规模的经营管理也可以节约成本。通过扩张使烟农专业合作社的资产和合作社管理层的管理能力都得到了有效的利用，进而得到不断下降的长期平均成本（long-run average cost，LAC）曲线（图 4-1）。为实现规模经济，烟农专业合作社的扩张是必然的，同时在烟农专业合作社扩张的过程中，也会产生范围经济。

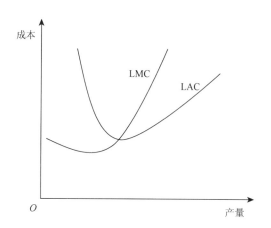

图 4-1　长期平均成本和长期边际成本

图 4-1 显示，长期平均成本曲线下降到与长期边际成本曲线（long-run marginal cost，LMC）交叉点后会开始上升，这说明烟农专业合作社规模的扩张不能是无限的，由于规模扩张后受到烟农专业合作社的资产存量、管理能力和人员分工等因素的限制，一旦其规模超出了最优的状态，就会出现规模不经济的现象。很简单，如果管理水平跟不上，过大的规模只会造成管理的混乱而降低效益；如果资金短缺，也如人贫血一样有气无力，那么规模的过度扩张必然会导致缺血，正像木桶理论所说，水容量只取决于长度最短的那一块板。同理，烟农专业合作社的效率也取决于效率最差的那一环节，因此，烟农专业合作社在扩张的过程中要综合考虑各方面要素谨慎地做出决策。

4.3 烟农专业合作社扩张

4.3.1 研究综述

烟农专业合作社的扩张与企业的扩张存在相似之处。扩张是企业与生俱来的追求，成长也是企业追求的一个永恒的主题。对企业扩张方式的分类，众多学者从不同的角度进行了表述。陈红儿等（2004）从行业和产品的角度对扩张方式进行了分类，认为总体上来讲扩张有两种情形：一种是内部的产品扩张；另一种是外部的资本扩张。内部产品扩张又可以分为一体化和多样化两种，内部产品扩张的一体化又可以分为横向一体化和纵向一体化，横向一体化是把许多小型的、不同产品的生产企业合并成一个大企业，将生产集中管理；纵向一体化是指将在生产过程中产、供、销不同环节的经济单元合并于一个企业之中。内部产品扩张的多样化也有两种形式，即相关多样化和不同多样化，相关多样化是说企业新进入的经营领域和现在从事的经营领域在生产技术、市场销售渠道及资源综合利用等方面存在着相关关系，不同多样化是指企业新进入的领域与原有的产品、市场毫无相关关系。广义的兼并是企业通过各种兼并行为占有另外一个企业的资产或者产权，从而控制被兼并企业来增加自身企业的部分优势，实现快速扩张的发展。按兼并方式可分为横向兼并、纵向兼并和混合兼并。横向兼并是指在同一生产经营阶段上从事相同经济活动的企业间的兼并；纵向兼并指从事同一产品、不同阶段的生产经营活动企业之间的兼并；混合兼并是指企业之间跨行业或者市场进行的兼并。夏清华和刘海虹（2002）从内部积累扩张和外部扩张的角度研究了企业扩张的类别。姚慧丽和张丽（2007）也提出了诸如有形扩张和无形扩张、有边界扩张和无边界扩张等扩张方式。王宗军和崔渭（2007）也将扩张分为品牌扩张、海外扩张、区域扩张等方式。烟农专业合作社的扩张是合作社在发展变化过程中的一种表现形式，一般是指烟农专业合作社的成长、发育和发展壮大。

4.3.2 扩张的含义

烟农专业合作社的扩张与企业的扩张有不同之处，烟农专业合作社扩张包含着以下基本含义。

（1）烟农专业合作社的扩张涵盖了其发展的不同层面：一是单个烟农专业合作社的扩张；二是烟农专业合作社内部要素资源结构的变化发展。

（2）烟农专业合作社的扩张表现在不同的扩张形式上：烟农专业合作社可以指一个合作社规模的扩大，也可以指一个合作社的技术水平、劳动者素质的提高和组织结构的完善；烟农专业合作社扩张还可以指一个合作社生产能力的提高，竞争能力的增强；也可以指一个合作社的利润增加或者指一个合作社的产出产量在数量上的增加。

（3）烟农专业合作社的扩张必须是合作社发展数量和质量的统一。烟农专业合作社的规模扩大和合作社整体质量的提高相互依赖，共同依存。虽然，烟农专业合作社的扩张可以从量上表现出来，但是一方面的扩张是不能持久的，只有将合作社规模的扩大和合作社整体质量的提高纳入一个相互促进的进程中，合作社的扩张才能持久，才能称得上是真正意义上的扩张。

4.3.3　烟农专业合作社扩张的动因

1. 协同效应

协同效应是扩张的根本动因，也是造成兼并的主要原因之一。通过协同效应可以提高兼并合作社的生产效率，促进产业的良性发展，使烟农专业合作社和烟农都可以从扩张的行为当中获益。兼并可能是由于各种协同效应产生的，发生横向兼并时，两个烟农专业合作社的兼并导致合作社之间的成本协同，有利于节约社会资源。

2. 经营成本最低化

新古典主义者认为，在完全竞争市场环境下，同一行业中的不同企业的利润都反映在长期平均成本曲线上，长期平均成本曲线是一条"U"形曲线。首先，对一个烟农专业合作社来说，存在一个最优的合作社规模对应一个最小的平均成本，当合作社的规模小于对应最小平均成本下的规模时，合作社可以通过纵向一体化使其规模迅速达到或者接近这一最小平均成本下的规模；其次，对一个地区的多个小型烟农专业合作社来说，小型合作社发展能力弱，每个小型合作社都难以达到最小平均成本下的规模，但是若通过纵向一体化和兼并，小型合作社的合并可以使最优规模迅速实现。对成本最小化的追求就是合作社扩张的根本原因之一，对规模经济的追求是烟农专业合作社扩张的直接原因（陈红儿等，2004）。

4.3.4　烟农专业合作社的规模扩张表现及策略

1. 现阶段增加服务内容的策略

针对传统烟农专业合作社中烟农聘请专业服务的积极性不高、合作社经营收入渠道不多、合作社发展内生动力不足等问题（韩国明和周建鹏，2008），可创新发展"5+N"服务模式,合作社在烟叶生产的育苗、机耕、植保、烘烤、分级5个环节开展全程、全面服务,同时依托烟草公司的丰富信息资源、建设需求和强大组织能力,在物资运输、有机肥加工、设施建设与管护等N个方面开展选择性服务,整体经营,分环节核算,按交易量返还盈余,环节间以盈补亏,确保微利。

(1)全程服务,促进专业分工。烟农专业合作社建设应根据当地特点,按照"种植在户、服务在社"的思路,围绕现代烟草农业减工降本的核心任务,为烟农及时提供专业化服务,通过构建烟叶生产全程综合服务体系,全面推动烟叶生产专业化分工。

(2)拓展范围,促进收益增加。为增加合作社业务量,满足服务对象个性化需求,增强合作社发展能力,应积极引导合作社拓展业务范围,推动合作社的专业化服务由服务单一环节向"综合服务"转变、由服务少数烟农向服务全基地单元转变、由服务烟叶产业向服务大农业转变。同时,将合作社服务内容与烟草部门有关工作相结合,形成集商品化育苗、机械化耕作、集中式田间管理、专业化分级、集群化烘烤、统购烤烟专用物资、统一农机维修及设施管护、资金借贷、保险及土地流转等为一体的全方位的综合性服务。当前至少可以做到以下几个结合:一是与基础设施建设相结合。烟草部门可将年度机耕道建设、烤房建设等工作交给合作社,以此增加其工作业务和综合收入。二是与设施管护相结合。可将基地单元内的机耕道管护交由合作社承担,费用由管护经费开支。三是与农机维修服务相结合。建议引导协调当地所有烟草农机供应商联合组建烟草农机服务协会,依托合作社在每个基地单元建立农机维修服务点,提高农机培训和维修服务的及时性、有效性。四是与秸秆发酵加工相结合。可将秸秆堆积发酵工作交给合作社,作物秸秆及其运输费用由烟农承担,烟草部门向合作社免费提供生物发酵菌剂,并支付加工费。五是与资源流转服务相结合。可引导合作社成立土地和劳动力流转服务中心。服务中心对资源供需双方按片区登记,协调对接和会面,并提供合同签订指导。六是与烟田土地整理相结合。可将烟田土地整理的部分任务有偿交由合作社承担,合作社租赁机器开展工作,以减少整治工作中的常发矛盾。

(3)创造条件,扩大业务范围。围绕作业环境、交易对象、设施利用等方面,为专业化服务创造良好条件,降低合作社的服务成本。一是创造连片作业条件。通过优化种植布局和轮作制度,多个片区以机耕道和农机入田口相贯通,并配套集群烤房或烘烤工场,形成"小集中、大贯通"的种植布局,增强专业化服务需求。二是创造集群作业条件。改变传统基础设施分散建设和利用方式,围绕基本烟田,依托轮作制度,集群建设育苗和烘烤设施,综合考虑作业风险和运输半径,集群宜大则大,提高散户独立作业成本,提高集中作业效率,满足专业化服务需求。三是创造集中服务条件。以烟地连片为依据,将每20~100户烟农联合起来,引导建立烟农联合组并推选组长，依托联合组统一向合作社申请服务、统一接洽服务时间和内容、统一验收和付款，降低服务交易成本。四是创造设备需求条件。在农机补贴购置上，改变以往单家独户补贴方式，集中补贴合作社，原则上对散户购机不予补贴，将有限的农机补贴集中投入到合作社设备配置上。一方面增强合作社装备实力和农机利用效率，另一方面增加散户专业化机耕服务需求。五是创造设施综合利用条件。在"以烟为主"的前提下，充分利用设施、农机设备和基本烟田，实行市场化运作，在闲置期开展多种经营，采取"公司＋基地"模式，培育与烟互补的配套产业，拓展合作社经营范围。

2. 把握服务半径的策略

烟农已经逐渐具备了规模经营意识，扩大经营规模的意愿也比较强烈，政府和烟草公司应该把握住烟农的心理，关注他们最主要的需求，对他们采取多方位的扶持政策，两个方面一起合作，才能使意愿落实到具体的实践上。烟农土地基本具备连片种烟条件，但实际仅有 1/2 左右的烟田构成了连片种植，需要合作社加强引导烟农进行土地连片种植，调整烟叶种植布局和采取统一轮作制度等，做到集约化连片种植，提升服务效率、服务半径和服务规模，让烟农们看到好处与希望。合作社的最佳规模应该是使该合作社达到盈亏平衡点时，略微调整规模达到有些微利的规模，计算此时各种资源利用量的数值，从而根据即将加入合作社的社员的生产能力和资源需求量，确定组成合作社的社员数量，这就是合作社的最优规模（刘婧等，2011）。

在我国现有农村土地政策及产业结构条件下，提升烟农户均种烟规模难度较大，但可以通过提高连片种植度来提高服务半径和规模。一是提高烟叶种植相对连片度。大多数烟叶种植都布局在山区，户均规模小、土地不平、连片度差，无法做到大规模连片。然而，通过调整烟叶布局和统一轮作制度，也可形成多个连片小区域，只要贯通以机耕道，同样可以做到集约化连片种植和服务。二是组建烟农联合组。其核心内容是以几十户烟农（或以村为单位）以土地连片为依据组建烟农联合组，以联合组为单位统一申请专业化服务。考虑到山区烟叶生产多集中于土地零星分布、道路条件较差的山区，加之烟叶生产本身环节多、技术性强，几万亩（1 亩≈666.7 平方米）的服务面积对于一个合作社而言，服务半径相当大，经营管理的难度也较大。为此，烟农专业合作社须采取统分结合方式，以降低运行成本、提高合作社作业效益。总的说来，可采取三种组织形式：一是依据服务内容设专业服务分社，分社独立运行、单独核算，总社相当于专业服务分社联盟，发挥组织、指导和管理的作用。二是依据服务区域设置分社，分社为服务区域内的种烟主体提供各环节的专业化服务，独立运行、单独核算。三是依据环节设置专业化服务队，由烟农专业合作社统一核算，但要建立不同环节专业化服务队的考核机制，提高专业化服务队的服务质量和服务效率。然而，有些环节（如育苗、机耕、植保）因技术相对成熟、作业效率较高，可跨单元甚至以县为单位组建服务社，以增大服务规模和范围（郭亚利等，2013）。

3. 合作社联盟的策略

合作社通过联盟，或者成立合作社联社，可以突破单个合作社内在规模性局限。一般来说，联盟的原则可分为两种：一种仍按规范原则，即单个规范的合作社组成规范的合作社联盟；另一种可按资本的原则，即单个规范的合作社组成资本控制型的合作社联盟。前者联盟的内在机制与单个合作社没有本质区别，故规模扩张有限。后者将单个合作社的公平性和资本的扩张性结合在一起，容易从资本规模上解决高度分散烟农导致交易成本过高的问题，故后者应是替代单个合作社异化发展的较佳途径，称为异质性合作社联盟。

通过合作社的联盟，可以为成员社提供市场经营、生产管理有关的技术信息服务，以及农业生产所需资料的购买，组织销售成员社生产的多种经营农产品，协调各成员社之间的服务地域、服务范围及服务价格，开展各类技术交流及业务培训服务等。各社员单位实行独立核算、自负盈亏；人、财、物由各社员单位自行管理，独立对外承担民事责任。并以其账户内记载的出资额和公积金份额为限，对联合社承担责任。联合社的成立，进一步整合了合作社资源，提升了合作社组织化程度和生产经营规模，促进了合作社跨区域、抱团式发展，为充分发挥信息、技术及机械化优势，推进现代烟草农业转型升级，帮助烟农增收致富开辟了新途径。

4.4 烟农专业合作社扩张的规模

4.4.1 烟农专业合作社扩张的边界理论

Coase（1937）提出了企业边界的理论，企业倾向于扩张，但是扩张具有动因，市场交易成本和企业内部成本交换之间存在一个均衡点，这个均衡点就是企业的边界。在企业的扩张过程中，新增一笔交易所节省的费用其实等于企业管理费用的增加。当这笔额外的交易成本等于通过在市场上完成同一笔额外交易费用的成本时，企业与市场的边界确定，也就是企业的边界。那么，发展壮大的集团是不是应该在企业和市场之间存在一个适度的边界？企业规模是否越大就越好？事实上，大的并不一定总是好的，企业规模范围的无限制扩张会限制企业的效益增加。

企业边界是指企业在与市场相互作用的过程中逐渐形成的经营规模和经营范围，企业的经营规模是指在经营范围确定的条件下，企业用多大的规模进行生产经营最合理。Coase（1960）在解释企业边界的问题时采用了交易成本的概念，他认为企业的扩张停止在企业在公开市场上完成的交易成本等于扩张到企业内部的一笔额外交易的成本这一点。因为，企业在扩张过程中会带来管理成本的增加，而每一个生产要素都不能被保证用到实现它们最大价值的地方，也就是说企业家不能使要素使用最佳化。

既然企业存在边界，而烟农专业合作社理论和企业理论类似，厂商理论可以应用于合作社的研究中，基于规模经济和交易成本，对烟农专业合作社的扩张而言，也存在一个最佳的边界。这个边界被认为是规模经济和规模不经济的转折点，这一转折点的存在确定了烟农专业合作社在多大的规模上有可能获得最大利润。同企业原理类似，一定程度的合作社扩张能带来交易成本的节约，而超过合理边界的无限扩张，则会产生规模不经济。

由此看来，烟农专业合作社的规模并非越大越好，烟农专业合作社的扩张存在着扩张界限，这正是烟农专业合作社的管理层掌握合作社规模边界合理尺度的关键所在（姚传江和肖静，2004）。

烟农专业合作社的边界问题加深了对合作社扩张的理解。烟农专业合作社的扩张其实是一把双刃剑，一方面，合作社的扩张可以扩大合作社规模，使其获得规模经济和范围经济等经济优势；另一方面，当合作社扩张的规模超出了其应有的有效边界时，就会产生管理成本过高的情况。烟农专业合作社的有效边界实质上还是一个规模与成本效益的问题，应该从合作社合理规模的角度对合作社的扩张进行审视，不能简单判断扩张行为的利弊，因此烟农专业合作社对有效规模边界的追求可以归结为是其扩张的深层次原因。假如合作社在扩张发展中没有达到有效边界，那么就应该继续扩张，若已经到达有效边界，就要停止扩张，如果超出有效边界，就应该剥离部分资产。换言之，烟农专业合作社扩张的最终极限就是一个合作社有效边界的尽头，正如 Schroeder（1992）在《农业供销合作社的规模经济和范围经济》一文中所说的："……为了追求规模经济和范围经济，合作社就会不断地扩张，如果规模经济没有被耗尽，那么扩张将可能不断持续。"

4.4.2　烟农专业合作社扩张的合理规模

烟农专业合作社的扩张是合作社发展的必由之路，科学合理的扩张可以使合作社做得既大又强，在扩大烟农专业合作社规模的同时，竞争能力也会得到快速提升，为合作社引导烟农创造更大的盈余分配打下了坚实的基础。而盲目、违背客观规律的扩张只会增加合作社的"量"，而没有提高合作社的"质"，不仅会削弱烟农专业合作社在市场上的竞争力，对其创造的价值产生不利影响，严重的会使烟农专业合作社陷入财务困境。

Coase 虽然提出了边界理论的存在，但是没有提供一种方法能够确定企业的边界应该在哪。Weitzman 建立了三阶段模型，分别为自给自足型、小规模生产型和大规模生产型。在第一阶段中，个人的消费品全部来源于他们为自己所生产的；第二阶段建立了规模报酬不变的生产函数，即如果任何一个人被企业解雇了，他还有自己的小型公司可以经营，且生产的产品能直接销售到完全竞争市场上去；第三阶段是在增加规模报酬的基础上建立的大规模生产企业的模型，这一阶段不仅解释了失业是如何必然发生的，也解释了企业间组织生产的原因，即一旦被解雇的工人不能在他们自己的小型公司开始有效生产，失业就产生了，只要生产规模暗含了有效性的存在，企业就会将规模扩大和组织生产视为实现规模经济的一种手段。反之，在一定阶段实现了规模经济的企业，其在这一阶段扩张的规模即为最有效的规模（Belcher，1997）。因此，对烟农专业合作社合理规模的这一探究和预测，可以以合作社实现规模经济为依据，计算并得出烟农专业合作社的合理边界。

对于烟农专业合作社扩张的合理边界的研究总要有一个度量要素，而度量要素是多种的，可以从成本-收益的角度度量烟农专业合作社的合理收入和合理支出，也可以从社员规模的角度测算多少社员才是一个烟农专业合作社最合理的社员人数。

因此，我们需要切合实际地看待不同烟农专业合作社的扩张及伴随的烟农专业合作社扩张的有效边界问题。

4.5　烟农专业合作联社建设案例：湖南桃源县烟农专业合作联社建设

鉴于烟农专业合作社规模小，不利于资源调配共享、不利于业务拓展、不利于统一作业标准和价格，不适应现代烟草农业发展需要的情况，可以采取注销、吸收、合并的方式进行合作社整合，成立合作联社的形式。通过组织设计，合理界定联社和分社的责权利，确保合作社的健康发展。

桃源县常年种烟 2 万亩左右。全县合作社管辖育苗工场 9 处 4.3 万平方米，烘烤工场 21 处、烤房群 6 处，共计烤房 1199 座，农机具 744 台（套），资产总额 6698.68 万元，设施装备能够满足烟叶生产。

2012 年，全县 5 个种烟乡镇成立了 11 个烟农专业合作社，单个合作社服务面积不足 2000 亩，不利于资源调配共享、不利于业务拓展、不利于统一作业标准和价格，不适应现代烟草农业发展的需要。2013 年，全县采取注销、吸收、新设合并的方式进行合作社整合，组建了金祥联社，下辖盘塘、九溪、牛车河、太平桥、泥窝潭五个分社。

联社理事长由五家分社社员代表大会共同选举产生，合作联社的管理层由分社的理事长组成，商议联社管理、经营重大事项，提交各分社社员代表大会表决决定。联社与分社财务独立核算，全部委托经管部门代管，每年聘请第三方机构进行财务审计。联社在利润中提取 10%公积金、5%公益金及 5%经营管理费用，剩余的 80%分配到各分社。联社与分社的管理和业务实行统分结合。联社主要负责专业化服务作业标准和服务价格的制定，大宗生产物资采购，对外业务拓展，设施装备的管护更换，以及资源调配。分社主要负责专业化服务实施，设施日常管护，设施综合利用及其他多种经营。

自组建以来，合作联社的运行态势良好，2015 年向成员分社分配盈利 22.3 万元；各分社共盈利 67.6 万元，向 997 户社员盈余返还 40.6 万元，户均 407 元。

第5章 烟农专业合作社影响因素分析： 基于外部环境的角度

5.1 问题提出

烟农专业合作社作为一种组织形态，其运行根植于所在的区域环境之中，既有赖于与区域环境之间的资源交换，同时又由区域环境所建构。与区域环境的这一关系反映到合作社外部，即合作社的发展与所在区域的政治、经济、文化、自然等环境密切相关；反映到合作社内部，即参与合作社的烟农拥有了多重观念与身份，形成了新的经济纽带和共识体系，入社烟农的人际关系环境产生了相应的改变。

烟农专业合作社作为组织的一种形态，它的存在与发展受到环境的影响，同时也影响着周围的环境。合作社与其环境之间也存在着相互作用关系，一方面，环境影响合作社的发展；另一方面，合作社在一定程度上改变了环境，诱导了环境演变。协同演进过程加强了环境与烟农专业合作社的相互作用力。

烟农专业合作社的区域环境是与合作社相互影响、相互作用的各区域环境要素的组合系统。这一环境系统也可分为全球环境、社会环境、区域环境、工作环境四个层次。不论全球环境、社会环境还是区域环境、工作环境，从不同尺度范围界定，均可作为合作社所处的区域环境，它们具有包含关系，即不同尺度间有包含与被包含之分，全球环境包含社会环境，社会环境包含区域环境，区域环境包含工作环境。

5.2 理论基础

按照沃伦·本尼斯（Warren G. Bennis）的组织发展理论，组织必须完成两项相互关联的任务才能存在下去：一个是协调组织成员的活动和维持内部系统的运转；另一个是适应外部环境。第一项任务要求组织经由某种复杂的社会过程使其成员适应组织目标，而组织也适应成员的目标，这一过程被称为"互相适应"或"内适应"；第二项任务要求组织与周围环境进行交流和交换，称为"外适应"（涂圣伟和李歆，2007）。烟农专业合作社正是在"内适应"和"外适应"过程中形成和发展起来的。

在环境对组织影响方面的研究，较多地强调组织对环境的适应性。在适应模型中存在多种理论，其中主要有资源依赖理论、权变理论、制度学派理论、演进理论和组织战略选择理论。

5.2.1　资源依赖理论

资源依赖理论中将资源交换看作联系组织和环境关系的核心纽带，认为是环境选择了不同的组织形式，一定的组织形式能否生存下去，关键在于其组织形式与环境特征的兼容性。Pfeffer 和 Salancik（1978）认为，组织生存的关键是获得并保住资源的能力，环境中包含了组织生存的稀缺资源，所以组织依赖于环境，为了生存，组织必须与那些控制资源的外部行动者进行互动交往，这种交往和谈判能力决定了组织的生存机会，面对资源获取的不确定性和组织的依赖性，组织不断改变自身的结构和行为模式，以便获取和维持来自环境的资源，并使依赖最小化。

Hannan 和 Freeman（1984）认为环境通过资源的稀缺性和优胜劣汰原则来完成对组织群体的选择过程，任何试图通过组织再造来提高生存概率的努力都是徒劳的，甚至起到反作用而降低组织整体的生存概率，文中还提出结构性惯性，意指一个组织群体适应性行为与其特定环境的匹配性，组织正是通过不断积累这种结构性惯性来体现对环境变化的适应性。Miller（1990）认为在环境强大压力下只有极其有限的生存概率，组织只能在一个狭窄的范围内以高度差异化被动地适应环境，否则将被淘汰出局。

5.2.2　权变理论

权变理论更为关注环境的不确定性，认为不确定性与组织结构都是可变的，组织的绩效最终有赖于组织与环境的互相适应，其强调组织对环境的适应性反应，而忽略组织对环境的影响力，认为对环境的良好反应有赖于组织管理层对环境的正确认知（Donaldson，1988）。环境与组织两者有密切互动关系，而环境又可分为外在与内在环境：外在环境包括总体环境因素（政治、法规、资源、技术因素）及任务环境因素（技术、顾客、供给、竞争因素）；内在环境具体包括组织规模、所有权类型、管理哲学、部门结构等（钱德勒，2002）。随着理论的发展，规模、技术、地理位置、参与者的个人偏好、资源依赖、国家和文化差异、组织的生命周期等外部环境和组织内部要素都渐次作为权变因素进入了权变理论家的视野。

5.2.3　制度学派理论

制度学派理论则更加详细地阐述了环境如何影响组织行为，尤其是以何种方式主导组织的战略选择，主要从制度环境的强制性、规范性及模仿性角度研究组织的趋同性问题，并试图回答为什么不同组织会呈现出相似特征（DiMaggio and Powell，1983）。制度模型假设组织是制度体系的一部分，承载着与制度体系相一致的价值取向和意义，组织会追求与制度环境保持一致，可能体现在正式结构和管理程序方面，而这种一致比组织的行为或绩效更为重要，只要有这种一致性存在，组织外的人就可能很少关心组织的实际行为或绩效。Greenwood 和 Hinings（1996）则从单个组织对制度环境的依赖性角度来解释组织的适应性问题，认为对环境的根植性依赖是阻碍组织变化的基本原因。

5.2.4　演进理论

演进理论在认同环境对组织发展的主导作用的基础上，探讨组织内部是如何适应环境变化的。该理论从组织内部出发，通过侧重用于已有组织结构的再造和改变，而不是新组织的产生来研究组织对环境的适应能力（Romanelli，1991）。同时该理论强调组织发展伴随着渐进的程序化制度形成过程，这一过程将增强组织经营的可靠性，从而提高组织经济上的有效性（Miller and Chen，1994）。

5.2.5　组织战略选择理论

生命周期理论认为环境的选择性和组织的适应性分别主导组织发展的不同时期，选择性和适应性这两种方向相反的力量可能形成几种不同的短暂组合，主导着组织的发展。组织战略的重心就是不断重构组织形式以适应由环境或组织带来的周期性变化（Tushman and O'Reilly，1996）。Tushman 和 Anderson（1986）认为，在经历一定时期渐进的、相对稳定的发展后，将迎来根本性的创新以打破原有的竞争秩序，然后又进入组织适应变化后的环境阶段，这就是所谓的"间断均衡"。

在组织对环境影响方面的研究，则强调的是，组织通过对环境的适应性反应，在相当程度上采取主观的战略行为来抵御外界的变化，从而影响着周围环境。Child（1972）认为组织有机会和能力去重新塑造环境以满足其自身的目标。组织究竟能在多大程度上影响环境？对于此问题，组织战略选择理论持最为肯定的态度。该理论强调组织管理者行为的主动性和自发性，以及对环境的再造能力，认为组织战略对环境具有很大的影响力（Miles and Snow，1994）。因此，组织可以考虑采用多种战略，通过与外部环境的相互影响来为企业谋求最有利的发展空间（Lewin and Volberda，1999）。组织战略选择理论认为组织对环境具有主导作用，而组织行为理论解释了这种能动性的动因。组织行为理论强调组织会通过各种方式主动地影响环境，这个流派的代表者是 Cyert。Cyert 和 March（1963）从组织管理角度分析了组织的行为方式，认为组织管理者会不断地调整资源分配以平衡各干系人的要求，并试图最大化其个人目标，为达到此目的，组织管理者将努力通过改变环境来避免不确定性，寻求较为满意的战略决策，以达到较高的组织绩效并谋求稳定地位（Tan and Peng，2003）。

5.3　合作社与区域环境系统协同演进路径

烟农专业合作社所在的区域环境系统中包括与烟草农业经济活动相关的各类要素，诸如农户、涉农企业、地方政府、农业科研机构、农用土地、农产品、地方自然资源及各类市场等实体要素，以及农业产业结构、农业科技、农业经营管理方式、农业相关信息等软性要素。区域环境系统是一个动态的不断演变的系统，随着区域环境系统内各要素的变化，其状态、特征、结构、功能等会发生转换和升级。农业生产经营组织形态的创新是农业区域环境系统的内生变量，它可以通过提高农业经济系统的生产率、扩大农产品的需求空间、促进农业生产结构调整、改善乡村治理状况等途径，对农业区域环境系统产生重要影响；反过来，农业区域环境系统的演化也会影响农业生产组织形态的变迁和组织发展过程。

在现实中，农业经济组织与区域环境系统的相互作用是交织在一起的，二者协同演进的动力不能简单地归结为市场供需变化、农户中具有企业家精神的乡村精英等因素，其协同演进过程具有复杂性。首先，新的农业经济组织形态的产生过程是在农业区域环境系统中农户、涉农企业、地方政府、农业科研机构等各要素之间竞争与合作关系转变的过程；其次，利益驱动是农业经济组织形态创新的动力源泉，是由传统农业向现代农业过渡的基本价值取向转变的重要特征，适应新经济环境的农业组织形态，能显著地提高资源利用率、农业生产率和经济效益，从而获得更大的社会效益，区域环境系统中的各利益主体，如农户、涉农企业、地方政府等，之所以会联合起来组建烟农专业合作社，关键在于利益引力；最后，烟农专业合作社这种合作组织带来的合作经济效应，将随着合作社自身规模的不断壮大而带动整个区域内生产、加工、销售等集群经济的发展，在这个过程中，农业生产经营活动所需的各种要素从分散到集约。

因此，通过实现集群经济而获取更多的利益是烟农专业合作社与农业区域环境系统协同演化的核心诱因。烟农专业合作社作为农业经济组织的组织形态与区域环境系统之间是密切联系、协同演进的，从理论上说，这种协同演进力量推动了合作社的发展与区域环境系统的改进。其具体过程可表述为，当农业经济发展到一定时期，通过协同演进机制的作用产生了与区域环境相适应的新型农业经济组织形态，使得区域发展结构得到优化。烟农专业合作社通过合理利用资源以获取维持生存的能力，而且不断获取和把握成长机会，通过协同演进机制以保证合作社与区域环境之间一定的适配度并实现长期健康发展。

在动态环境中，组织形态需要不断地发展变化以适应环境的需要，烟农专业合作社作为一种经济组织形态，是在环境选择和组织适应力互补和交错演进的协同演进过程中，不断寻求和创造自身竞争优势得以形成和发展起来的；烟农专业合作社的形成与发展也促使区域环境达到新的状态。烟农专业合作社与区域环境协同演进的作用路径如图 5-1 所示。

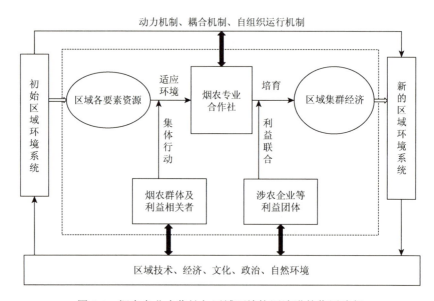

图 5-1　烟农专业合作社与区域环境协同演进的作用路径

由于环境处于不断的动态变化之中,环境的变化导致环境中各个组成要素的优劣势力量对比发生变化，为了适应外部环境的变化，就出现了一些新的组织形态，新形态组织的产生又进一步促使初始环境状态向着新环境状态快速转变。

组织与环境这种交错作用过程也就形成了组织与环境的协同演进。对于农业生产经营活动而言，农业区域环境系统的改变使得区域内各要素资源发生重新配置，从而导致农业区域内形成新的农业经济组织形态。烟农专业合作社作为烟农群体性合作经济组织将对烟农产生凝聚作用。

除此之外，烟农专业合作社的形成和发展都是根植于特定社会环境的，主要表现为以下几个方面：第一，合作社的产生一般与地方政府部门有着千丝万缕的联系，只有政府政策的支持才能为合作社发展提供良好的政治制度环境；第二，经济行为是嵌入到社会关系和社会结构之中的，只有历史沉淀所形成的小农意识和计划经济体制所遗留的意识形态得到改变，农户才能真正成为创建合作社的主体；第三，合作社的发展是市场经济的产物，但是合作社的发展离不开合作文化和合作知识的支持。因此，区域社会、政治、文化环境必然深刻影响着区域内的组织创建和组织行为（刘婷，2009）。

5.4　合作社建设的政府部门角色定位

乡镇和村干部担任合作社管理人员，有利于合作社的快速建立，但应注重其经营管理能力，合作社理事长、经理和财务人员选用烟站站长、副站长等烟草部门职工，短期内有利于合作社对外协调和形式规范，但烟草部门人员过度和不合适的介入使合作社的实际本质趋于模糊，烟农专业合作社在一定程度上成为烟草部门的附属机构，甚至烟农不认为合作社是自己的组织。烟草部门直接经营合作社，使烟草部门丧失监督资格，烟农将合作社运营问题归咎于烟草部门，加剧双方矛盾。合作社经营者的选择偏颇，给合作社走向规范化带来更大的学习成本，属于外部推动制度变革的负面效应之一。对合作社经营者的选择，需要在合作社迅速建立和后期规范发展之间做出权衡。

分析烟农专业合作社建立和运作过程中的部分问题，解决的关键并不在于烟农，而在于其外部推动者——烟区政府和烟草部门。中国烟农专业合作社虽有自发成立的诱因，但普遍存在外部推动的因素，是诱致性制度变迁和强制性制度变迁相结合的产物。作为制度供给者和利益相关方，政府和烟草部门有必要建立一个包含规则和约束的合作社制度框架，承担一些协调集体行动的成本。在此过程中，政府和烟草部门应结合制度变迁客观规律和烟农的实际境遇，正确理解烟农认识和其他合作社问题，谨慎探索合作社发展道路。政府和烟草部门应避免直接参与合作社的运营管理，正确界定在合作社建立和发展过程中的角色定位，将工作重心放在扶持和监督两个方面，为合作社运作规范创造条件。国际合作社联盟针对一些国家的合作社受政府控制和干预过多最终招致失败的教训，也特别强调了合作社保持独立和自治的重要性。

烟草部门对合作社的投资扶持应当平衡当前需要与长远利益。烟草部门应怎样扶持合作社并扶持到什么程度，关系两个独立市场组织的稳定和发展。执法困难和信息不完备，使烟草部门与烟农专业合作社之间的契约为自我履行的不完全契约，烟草部门易遭受敲竹杠威胁。一方面，烟草部门需要被迫在扶持合作社发展与保障个体烟农履约之间做出选择；另一方面，烟草部门投入的主要是不能移动的烟水、机耕路、苗棚、烤房，以及不能分割的烟机等专用性资产，投资形成锁定效应，机会主义倾向使烟草部门面临被敲竹杠风险，如有的烟农专业合作社直接将折旧用作分红，再向烟草部门索要维护费用，烟草部门为维持合作社存在或保障烟叶供应就会越陷越深。烟农专业合作社尚属于生存防御型的初级阶段，但不排除将来向进攻型转化，在烟叶价格等方面要求话语权。烟草部门大量投资建设合作社，短期内有利于稳定烟叶生产，但长期内应逐渐向烟农自身建设过渡。

5.5 地方政府支持烟农专业合作社发展的思考

5.5.1 问题的提出

烟农专业合作社在组织烟草农业生产，提供专业化服务，增加烟农收益等方面为现代烟草农业的发展发挥了积极作用，但目前烟农专业合作社的发展还面临着一些困境，如提高生产设施的综合利用问题、人才培养问题、项目融资问题、市场开拓问题等。由于烟农专业合作社是在烟草行业指导和支持下成立起来的，有着与大农业农民专业合作社不同的特殊性，它们的服务对象是烟农，服务产业是烟草农业，获得的政策支持更多地来自烟草行业，享受地方政府政策支持的力度有限，相当多的地方政府在研究农民专业合作社发展政策的时候，人为地把农民专业合作社与烟农专业合作社进行分割，造成烟农专业合作社游离在地方政府支持政策之外。

笔者通过六盘水市出台"三变"政策支持当地农民专业合作社发展的情况调研，探索在市政府"三变"政策背景下，市烟草农业（市公司）如何来获得市政府进一步支持，产生更大的协同效应。在运用制度创新等理论的基础上，从六盘水市现代烟草农业发展的现状出发，在以烟农专业合作社为重要载体的基础上，探索市政府与市烟草农业（市公司）的合作关系，以促进市现代烟草农业发展为目标，研究市烟草农业（市公司）与市政府两个相关主体在制度层面的合作关系，最终构建"政策支持、资源共享"的新型合作模式。

5.5.2 理论综述

1. 关于合作社服务效果的影响因素研究

杜兴华和付源（2012）认为烟农专业合作社专业化服务人才缺乏，内部管理较为松散，是导致烟农专业合作社自身运行活力不足的主要原因。戴成宗等（2012）

认为目前烟农专业合作社在发展过程中普遍存在"烟草行业过度热情，烟农反应冷淡""烟农热情高涨，能人反应冷淡"的双重制度困境。雷天义（2012）认为烟农专业合作社仅仅提供烤烟生产方面的服务，很少开展其他多元化经营，并且其发展目标不明确、经营管理不够规范，影响合作社的经营效益。Prakash（2000）分析了日本农业合作社面临的问题，认为合作社服务效率低的原因主要是缺乏沟通，在管理层内部之间、管理层与社员之间没有建立有效的沟通渠道。王丰（2011）在对烟农专业合作社充分调研的基础上指出，当前烟农专业合作社仍然存在组织管理水平不高的状况，烟农专业合作社这一发展现状不能够满足发展现代烟草农业的要求。其主要表现在以下几个方面：一是组织数量较少，组织规模较小，专业化覆盖率偏低；二是组织运作不够规范，许多方面存在管理缺失的情况，如产权界定问题、财务管理问题等，从而制约了组织功能，影响了组织效率和效益。

2. 关于现有研究的述评

从目前国内外关于烟农专业合作社的研究现状来看，几乎都是在烟草系统内的研究，很少跳出烟草系统去考虑或研究地方政府这个重要因素的作用和影响。因此，本节将研究地方政府与烟农专业合作社的合作关系，重点研究两者之间合作的体制机制问题。这一研究将为烟农专业合作社的发展提供新的动力源泉，对烟草农业的发展和烟农增收产生积极的作用。

5.5.3　六盘水市"三变"政策框架

六盘水市政府在发展农村集体经济的过程中，根据地方实情，创出了"三变"（资源变资产、资金变股金、农民变股东）发展新模式。这一模式在得到中央政府的高度肯定后，贵州省政府在全省范围内予以推广。

这一模式的主要内容是市政府系统构建了农村经济发展的政策支持体系，通过支持农民专业合作社来促进农村集体经济发展。在这一模式中，市政府进行了一系列的机制创新，如土地经营权抵押贷款的融资机制、产业发展基金、产业项目评估的风险防范机制、农村人才培养及经营管理知识和技术培训机制、农民专业合作社的绩效考核和激励机制等。具体支持方面如图 5-2 所示。

政府通过顶层设计，建立和完善政策支持体系，创新资金、土地、人才、项目管理等政策，建立完善资金投入机制、利益联结机制、收益分配机制、进退机制、风险防控机制，营造良好的农民专业合作社发展的政策环境，促进农民专业合作社的发展，从而促进农村集体经济发展和农民致富。

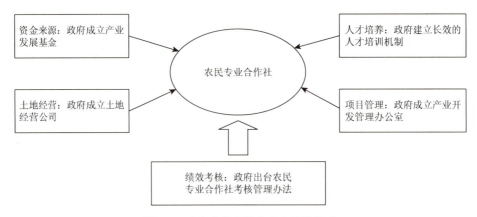

图 5-2　政府支持农民专业合作社模式

5.5.4　地方政府政策与烟草农业的结合机制

（1）构建烟农专业合作社经营性资产共享机制。现代烟草农业基础设施建设形成了烤房、育苗棚、农机等大量的可经营性资产，如何管护好这些资产，确保持续发挥作用，已经成为烟叶工作的突出重点和难点。通过烟农专业合作社与地方政府合作机制的建立，可以解决基础设施使用时间短、利用率低、运行成本高、管护缺失等难题，充分发挥基础设施服务烟叶生产作用，真正实现普惠共享。

（2）构建烟农专业合作社经营项目合作管理机制。通过建立烟农专业合作社开展的多种经营项目纳入地方政府项目管理体系的合作机制，可以降低烟农专业合作社项目投资和经营风险。

（3）构建烟农专业合作社发展融资机制。通过建立烟农专业合作社项目投资所需资金纳入地方政府金融支持体系的合作机制，可以大大缓解烟农专业合作社发展所需的资金制约难题。

（4）构建烟农专业合作社人才培养机制。通过建立烟农专业合作社人才培养纳入地方政府人才培养体系的机制，可以大大提高烟农专业合作社人才素质，为烟农专业合作社的发展提供人才支持。

（5）构建烟农专业合作社考核机制。通过建立烟草部门与地方政府共同对烟农专业合作社的绩效考核机制，制定科学的考评办法，激发烟农专业合作社发展的内生动力。

5.5.5　结论

我国烟农专业合作社建立和运作过程中的部分问题，解决的关键并不在烟农，而在于其外部推动——产区政府和烟草部门。我国烟农专业合作社虽有自发成立的诱因，但普遍存在外部推动的因素，是诱致性制度变迁和强制性制度变迁相结合的产物。作为制度供给者和利益相关方，推动者有必要建立一个包含规则和约束的合作社制度框架，承担一些协调集体行动的成本。在此过程中，推动者应结合制度变迁的客观规律和我国烟农的实际境遇，正确对待烟农认识和其他合作社问题，谨慎探索合作社发展道路。推动者应避免直接参与合作社的运营管理，正确界定在合作社建立和发展过程中的角色定位，将工作重心放在扶持和监督两个方面，为合作社运作规范创造条件（钟术龄和郑少锋，2014）。

第6章 烟农专业合作社发展经验及其借鉴

6.1 国外合作社发展的经验

6.1.1 烟农专业合作社的职能定位

从世界范围来看，农民专业合作组织主要在大农业领域发展较好，但也有一些国家，如美国、日本、巴西等烟叶主产国，针对烟草行业的特殊性，对烟农专业合作组织进行了积极探索，并取得了一定成效。美国烟叶生产的组织形式主要以烟叶农场为主，烟农专业合作组织的作用主要体现在促进烟叶销售方面，其代表性的组织有美国烤烟合作社、美国白肋烟种植合作社、美国烟草协会。这些组织成立的初衷是构建一种贷款机制，通过以烟叶为抵押，来获取美国农业部的信贷支持。但是随着美国烟草配额体制的废除，这些合作组织逐渐演变为集烤烟生产、加工、销售及卷烟生产为一体的综合实体，其核心目标转为提高烟叶市场价格（王丰，2009）。日本烟草耕作组合体系由全国烟草耕作组合中央会和 21 个地方耕作组合组成，耕作组合主要在解决烟农烟叶生产中遇到的问题、推动科学技术发展、参与每年的烟叶审议会、确定各生产领域烟叶种植面积等方面发挥重要作用（罗井清，2012）。巴西南部烟农协会是烟农自发组建的民间组织，目前 85% 的烟农都加入了协会，会员达 13.8 万人。协会的重点是维护烟农利益，一方面，代表烟农，同政府及烟草公司谈判解决有关问题，如商定烟叶价格问题，监督烟草公司对烟农的有关扶持资金是否及时到位；另一方面，为烟农承担自然灾害及烤房和烟叶遭受火灾的保险（王丰，2009）。在津巴布韦有 3 个烟农合作组织涉及烤烟生产和销售服务，即津巴布韦烟草协会（Zimbabwe Tobacco Association，ZTA）、津巴布韦农民联合会、津巴布韦烟草种植者协会。其中，烟草协会负责向烟农提供生产技术培训和市场信息等生产服务（云南省烟草科学研究所，2007）。总体来看，各个国家农业合作社的管理机制更多地借鉴了股份制的现代管理制度，权责明确，政企分开，有利于民主管理原则的实现和商业化的运作。

6.1.2 烟农合作的组织模式

烟农合作组织是国外烟叶产业链中普遍存在的一个重要部分，不同国家的烟农合作组织在定位上有所区别,对于支持烟农生产销售、保障烟农利益和稳定烟叶产业等发挥着非常关键的作用。

巴西烟农协会是国际烟农协会的成员之一,由烟农自发成立,会员包括全国90%的烟农。烟农协会发挥的作用主要包括:代表烟农与烟草公司商定烟叶价格,协调解决烟农与烟草公司间的争议和纠纷等;给烟农提供灾害保险、烟农人身伤亡保险、养老保险等,以及其他困难救助;统一向烟农提供化肥、农药、农机具等烟用物资;代表烟农参与其他有关事务等。美国烤烟合作社的一项重要任务是储存过剩的烟草,减少烟叶价格的大幅度波动。合作社利用从美国农业部借来的资金,收购那些没有以支持价格销售出去的烟草,而后把这些烟草储存起来,销售给烟叶交易商和世界卷烟制造商。合作社开设的营销中心不对烟草的销售收取佣金。不过,随着美国价格支持体系的终结,合作社必须重新定位,目前何去何从还没有确定下来,但已经出现向卷烟生产延伸的现象。在马拉维,烟草协会的主要任务是解决长期存在的农业投入贷款问题,大量购买农业投入,减少运输费用和鼓励烟农分享信息,在农业投入成本持续上涨和贷款来源变得稀少时,合作组织将作为一个整体同这些困难进行斗争。日本的烟叶生产互助组主要是鼓励烟农在烟叶生产中互相帮助,走机械化生产之路,加入烟叶生产互助组的烟农,在联合购买烟草机械时,可以享受政府给予的优惠价格和补贴。阿根廷烟农合作社在从烟农手中收购了烟草之后按照增值的价格向卷烟制造商出售烟叶,扮演的是烟叶商的角色。南非最大的烟草公司——金叶公司,本身就是由 250 个大农场主组成的烟农协会,为非营利性机构,烟农每年要向公司提出种植计划和生产量,公司以物资形式提供给烟农一部分产前投入,收购时扣回,而烟叶的收购价则由烟农通过董事会共同定价。

在其他烟叶种植大国中,津巴布韦的烟农状况与中国比较接近。虽然津巴布韦烟草的总体运营体制与中国不同,但是津巴布韦烟农合作组织在规范生产组织管理、实现规模化种植、发展农场经济等方面成效显著,对烟叶发展与稳定贡献巨大。津巴布韦烟叶几十年来在国际烟叶市场一直保持很强的竞争优势,也是中国最大的烟叶进口市场,其烟农合作组织模式很值得我们借鉴。

在百余年来的烟叶发展中,通过不断实践、总结、完善和创新,津巴布韦逐步形成了科研机构、培训中心、拍卖市场和烟农合作组织共同服务烟叶工作的庞大网络体系,其中与农场烟叶生产、经营与管理有关的合作组织有 20 余个。烟农合作组织是联结种植主体、市场主体和管理主体的桥梁和纽带,同时烟农合作组织还通过自身的服务体系向农场提供从种植到拍卖全过程的服务,特别是与烟叶有直接关系的津巴布韦烟草协会、津巴布韦农民联合会、津巴布韦商业农场主联盟、商业农场主联盟四个合作组织,其性质属民间团体组织,代表烟叶种植农场利益。其中，津巴布韦烟草协会是最大的烟农合作组织，几乎所有的商业农场都是津巴布韦烟草协会的成员。

津巴布韦烟农合作组织作为具备社会化服务职能的机构，真正把成员作为服务对象，把会员的利益放在首要位置，合作组织在不改变农场生产资料的所有制形式的情况下，主要在组织协调、生产技术、产品流通、科技信息等方面提供全方位的服务，对烟叶生产的稳定发展提供了可靠保障。

（1）烟农合作组织是烟叶生产组织管理的重要组成部分。各类组织的管理人员主要在协会成员（农场主、农户）中自由选举产生，能真正代表成员的利益，及时有效地解决存在的问题与困难。在组织方面，能够统一组织小型农户安排烟叶投入、种植、交售，一方面提高了规模化种植程度，另一方面提高了烟叶生产整体水平。例如，津巴布韦烟草协会代表小型农场与烟草公司签订种植合同，并对小型农户烟叶生产进行统一管理和协调。在生产协调方面，作为政府、银行、烟草公司和种植主体之间联系的桥梁，烟草政策、扶持资金、调研项目和措施都是通过协会作为服务载体贯穿到农户的烟叶生产过程中。

（2）烟农合作组织是烟叶生产技术推广的重要服务载体。津巴布韦为非烟草专卖体制的国家，技术研究与推广主要是各类半官方及民间技术推广和培训机构依照烟草生产需求及客户需求有针对性进行科研攻关与技能培训。同时，合作组织还通过与科研机构、技术推广机构及烟草公司的一系列合作，以成员例会、发行杂志、建立网站、召开现场技术交流会等形式，促进烟草从业人员交流，反馈生产中存在的问题，并将先进适用的生产技术落实到各农场中，搭建了高效的信息交流平台，成为烟叶生产技术推广的重要服务载体。

（3）烟农合作组织是烟叶生产及产品流通的中介组织。各烟农合作组织向烟农提供所需生产物资的供货渠道、物资价格，甚至和供应商谈价格，以集团采购价或商谈后较低的价格供应给农场，如在烤煤较为缺乏的时期，津巴布韦烟草协会通过政府和合作渠道为农户购买价格较低的烤烟用煤。另外，烟农合作组织还积极搞好烟叶市场宣传，代表烟农同烟草公司开展烟叶价格谈判，争取销售渠道，保证了会员的最大利益。津巴布韦烟草协会通过与英国商务团谈判，最终使英国对津巴布韦进口烟叶实施零关税政策；联合大、中、小型农户，组建商品合作组织，进行价格操纵，执行价格策略。烟农合作组织有效地促进了烟草生产及产品的流通，极大地增强了津巴布韦烟草的市场竞争力。

（4）烟农合作组织是烟叶市场化运行及管理的典型代表。津巴布韦所有烟农合作组织都是烟农自愿加入，代表烟农利益，为烟农服务，受法律保护的民间社团组织。合作组织坚持"自愿入会、退会自由、自理事务、自筹经费"的原则，实行"民主兴办、民主管理"，不受政府干预支配，组织机构与企业法人治理结构十分相似，同时，合作组织有《烟草营销和征收法》作保障，确立了法律地位，

明确了成立条件、组织机制等。例如，津巴布韦烟草协会采用市场化的经营管理
运作模式，日常运行费用基本上全部由会员承担，协会按照《烟草营销和征收法》
向会员征收会费。在通常情况下，各合作组织都实行分层管理体制，一般设乡村
组织、地区议会、省级议会、全国议会和商品协会。建立了完备的内部管理制度，
实行民主决策、民主管理。合作组织的最高权力机构是委员会，具体决策机构为
执行委员会（有的设理事会），部门设置依据具体职能，一般设有信息、技术指导
和培训、物资采购、市场营销等部门，由这些部门负责开展日常工作，多年的市
场化运作使津巴布韦烟农合作组织运行效率高，市场价格及生产情况反应迅速，
提升了烟叶生产的整体实力（钟术龄和郑少锋，2014）。

6.1.3　合作社内部治理

（1）合作社的非正式制度治理。合作社产生与发展应该有良好的非制度环境，
美国和加拿大整个社会都有浓郁的合作精神和合作文化，政府对合作社的支持重
点不是在提供资金和税收优惠等方面，而是体现在帮助组建合作社、成员之间的
协调和沟通、制定合作社业务、合作社制度构建等方面。

（2）合作社治理的公司化趋势。美国和加拿大合作社治理趋向逐步接近公司
化治理模式。农业合作社的经济利益导向非常明显，部分合作社已经趋向股份
制公司，农业合作社的功能越来越完善和细化，农户或者农场与农业合作社利
益联结越来越紧密，农业合作社生产经营的专业化、市场化和全球化程度不断
提高，合作社治理的公司化趋势明显。

（3）合作社的产权治理。德国和法国的农业合作社内部都有与公司类似的治
理结构。合作社有完善的组织机构，社员代表大会是合作社最高权力机构，理事
会是合作社执行机构，监事会是合作社监督机构。在产权和收益分配方面，坚持
对资本获利的限制，确保成员按交易额进行收益分配，使成员直接民主平等参与
合作社管理，确保社员代表大会中成员股东的实际利益得到尊重。

（4）合作社的文化治理。农户通过入股与合作社组成利益共同体，合作社对
成员提供服务，对外营利，合作社对农户入社设置了较为严格的条件，成员必须
诚实守信，维护合作社的集体利益。另外，法国和德国都非常重视加强对农户的
文化教育和技术培训，建有各级各类针对农民的教育培训机构，政府通过对农户
的教育引导、支持监督来发展合作社。

6.1.4　政府对合作社的监管

合作社的规范需要专门设立审计制度，合作社虽然属于私法主体，但其代表

全体成员的利益，也具有公法主体的准公共性质，因此外来的主体对合作社进行审计是非常必要的。德国从开始就尝试让合作社自愿加入审计协会，合作社也可以采用商业审计，但商业审计容易形成贿赂，因此德国把合作社加入审计协会接受审计变为一种强制制度。有相关法律要求审计协会至少每两个营业年度要对合作社的机构、财产情况及业务执行情况，包括成员名册的管理进行一次审查，对于资产负债总额超过 200 万欧元的合作社必须实行每个营业年度审查一次。这样的对合作社强制审计的做法就使合作社的制度越发规范起来，减少了假合作社的产生（仵希亮，2016）。关于社员退出和进入的治理，法国的农业合作社设有针对成员的退出和进入机制，农户进入合作社必须缴纳代表成员身份的股金，各级农业合作社都坚持一人一票民主决策原则，理事会代表合作社经营管理，没有工资报酬。法律对合作社的非成员交易进行明确性限制。

6.1.5　政府对合作社的支持

从世界范围看，农业合作组织早在两个世纪前已经诞生，200 多年的生存发展历史充分证明了其强大的生命力。而从各国农民合作社发展看，有效的政府支持是合作社发展必不可少的外部条件。在农民组织的成长和壮大中，政府行为举足轻重（胡卓红，2009）。

1. 美国与加拿大的做法

（1）立法支持。美国国会和政府非常重视用法律引导合作社的发展，以保证政府政策的延续性。美国在 1865～1870 年约有 6 个州分别通过了有关合作社的早期立法。1926 年美国合作社市场法案（Cooperative Marketing Act）授权美国农业部收集、分析并传播农业合作社资料，保证了从当时至今农业部每年一度的统计资料定期发行。1922 年的凯波-沃尔斯特法案（Capper-Volstead Act）和 1954 年的国内税收法典 521 条款（Section 521 of the Internal Revenue Code）对农业合作社享受不正当竞争保护待遇、优惠的税收待遇提出了条件，对规范农业合作社的发展方向起到了重要作用。加拿大也有着比较完备的合作社法律体系。联邦合作社法颁布于 1970 年（1999 年进行修订）。各省有独立的合作社法律，省一级的法律与联邦一级的法律在省域范围内有同样的效力。有的省还专门为一个合作社立法，如萨斯喀彻温省的小麦合作社法。合作社法以法律形式确定农民合作社组织的地位、作用，给予合作社公平的市场主体地位，保证合作社权益不受侵害，对完善和发展农民合作社起着非常重要的保障作用。

（2）设专门机构负责农民合作社发展事务。加拿大政府设有合作社秘书处，作为主管合作社事务的部门。1987 年加拿大成立了合作社秘书处，目的是加强合作社与政府中负责制定与执行合作社法律和政策的部门与机构的联系，使联邦政府更好地满足合作社的需求，指导支持合作社的发展。该机构成为联系合作社与有关的各政府部门的纽带，创造便利条件加强合作社和联邦政府间的互动关系。美国政府设有农业部农业合作社管理局。该机构前身为成立于 1913 年的市场管理局，1958 年正式改为现名，主要是向合作社提供范围广泛的专门知识和详细的市场信息，开展教育培训活动，提供资金援助等。

（3）财税支持。美国法律对主要与社员进行交易的合作社免除公司所得税，避免双重征税，一般农业合作社平均只有工商企业纳税的 1/3 左右。此外，美国政府还给予农业合作组织各种形式的直接或间接援助，如向农业合作组织提供研究、管理和教育援助，农场主合作组织能够享受到合作银行提供的低于市场利率的贷款。加拿大政府除每年给合作社联盟拨出经费补贴外，还随时根据合作社提出的事业项目审批后再拨出专款资助。政府开展的一些农业及相关项目让合作社参与，提供资金为合作社的产品搞市场调查，为农产品生产、加工、出口提供补贴等。

（4）组织支持。各种农村公共事业组织和其他社区组织，也对农民合作社的发展给予有力的支持。例如，美国北达科他州的农村电力合作社联合组织和农民信用服务公司、农民联盟及其他一些合作社联合组成了北达科他协调委员会。这个委员会通过宣传等一系列活动增强了人们对于农民合作社的信心，在农民合作社的发展过程中起到了积极的推动作用。

2. **欧盟国家的做法**

（1）财政支持政策。德国政府每年会划拨出固定的财政资金支持合作社的活动，为其提供贴息贷款、减免税额等经济政策。合作社和农业企业不必缴营业税和机动车辆税，从事农机租赁和农业咨询服务的法人税可以免除，合作社用税后利润进行投资的部分免征所得税等。对于新成立的农业合作社给予 5 年之内的创业资助、7 年之内的投资资助，资助额最高可达投资总额的 25%。此外，政府的一系列财政投入和减免税收政策为德国农业合作社的壮大提供了资金支持，促进合作社规模化发展。

（2）灵活的土地制度。德国政府利用法规和信贷、补贴等经济手段多方面引导农民土地自由流动，扩大农场规模。20 世纪 60 年代，德国政府规定，土地出租超过 12 年的农民，每公顷租地有一定的资金奖励。灵活的土地制度，有力促进了农地的整合，农场规模扩大。2004 年，仅巴伐利亚州，经营规模在 50 公顷以上的农场已占全部农场的 39.8%，100 公顷以上的已占 13.19%。土地的规模化促进了农业规模化生产，提高农业劳动生产率。德国粮食总产量位居欧盟第二，单位面积产量位居欧盟第五。完善的土地流转制度为推动专业化农业合作社的发展奠定了坚实的基础。

（3）完善的农村金融服务。德国的合作金融组织分布较广，而且拥有健全的管理体制，在德国农业合作社发展过程中发挥了重要的作用。德国的农业信贷政策，通过信贷和直接补贴两种形式对农民提供优惠。2014年德国联邦食品农业部预算财政总支出为53亿欧元，其中用于农业补贴的支出是20亿欧元，占37.7%。农业投资大多是中长期贷款，时间一般以12年为期，利率为2%～5%，远低于市场利率。

3. 亚洲国家的做法

（1）立法支持。日本是亚洲第一个颁布合作社法的国家，先后于1900年、1943年和1947年颁布过三部有关农业合作社的法律，由此形成日本独具特色的合作社法律制度。随后，1904年在印度，1915年在印度尼西亚，1996年在越南相继制定了合作社法。

（2）设立专门机构负责农民合作社发展事务。日本明确农业部门为农业合作组织的行政管理机构。在农林水产省设有经营管理局，下设农协课，各都道府县农政部也设有农协课，负责对农民协会实行指导、管理和监督、监察。泰国政府设有农业和合作部，负责合作社事务。内设合作社注册管理处、合作社发展局、审计局等机构，开展相关业务。农业和合作部在府、县设有分支机构。

（3）财税支持。日本、韩国、泰国和越南等亚洲国家也特别注重对农民专业合作社的财税支持。

（4）制订农民合作组织发展规划。日本为了促进农协健康发展，先后制订了一系列的规划和措施，如1956年的农业整备措施法，1961年公布农协合并助成法等。印度在第一个五年计划中就提出赞成和支持建立合作社，以后每一个五年计划都有关于发展和支持合作社发展的内容。

6.2　国外合作社发展的启示

虽然我国的烟草农业有着悠久的历史，但政府和行业对如何发展现代烟草农业还在探索中。通过烟农专业合作社的方式将烟农联系起来发挥集团和规模效应，能够有效地克服个体烟农交易费用过高和信息不对称等难题。国外发展合作社的道路早已证明了这一点，其成功的经验应该成为我们加以借鉴的对象。这一点不能怀疑，这个大方向应该明确。在当前，积极发展烟农专业合作社应该切实引起各级政府和行业部门的重视。

当然，借鉴的同时必须结合我国的基本国情，有区别、创造性地运用国外的经验。例如，我们可以更多地借鉴日本、韩国等与我国类似的人多地少国家的合作社发展模式，同时也不能放弃美国、加拿大和欧洲模式。

6.2.1 保持合作社的自治性质

国外经验的借鉴还体现在，如何看待合作社的定位和性质上。应该说，我们对合作社并不陌生，但计划经济体制下的合作社其实具有浓厚的官办性质，实践也证明，依靠强迫命令式的结社并不能真正调动农民的积极性和创造性。经过近十年烟农专业合作社的发展探索，我们应该认识到烟农是具有自主身份的经济个体，要使烟农专业合作社真正能够得到维持和发挥作用，就必须调动烟农自身的积极性。虽然在合作社发展之初，政府及行业要发挥主导作用，但一旦合作社走上正轨以后，政府和行业就应该不再进行具体的干涉与直接指导，而应该放手让合作社去自主经营、自我治理。合作社要想获得真正的发展，就必须遵循罗虚代尔的自治原则，行政干涉的结果必然会阻碍合作社的长远发展，政府和行业的职能应该是规划和管理。

6.2.2 重视内部治理

通过对国外农业合作社治理的考察可以发现，虽然国外农业合作社的组织原则和形态不断变化发展，但是国外农业合作社治理的基本理念和核心制度等因素对中国仍有较强的借鉴意义。

（1）合作社治理机制必须充分体现和尊重成员利益确保合作社成员平等享有表决权、参与权、收益分配权，实行"按劳分配"和"按资分配"结合的收益分配制度，实行灵活的成员进入和退出机制，确保成员权利和义务对等，激励农户成员参与的积极性。合作社治理的主要目的是形成合作文化价值观，为成员谋求全面发展的利益，增强个人对集体的信任感和认同感。合作社治理要尊重成员个人的权益和主体资格，切实维护成员利益。

（2）合作社治理机制的设计必须紧随社会经济变化。随着社会经济的快速发展，合作社治理的外部环境也发生了深刻的变化，从而对合作社的治理提出了更大的挑战。合作社必须依靠现代农业技术和管理实现利润增长，争取较大的市场发展空间，维护合作社稳定发展。合作社通过健全的制度设计引入现代生产、经营和管理要素是其治理和发展的重要选择。

（3）产权制度、民主控制、利益联结是合作社内部治理的连接点。加拿大合作社经历了 100 多年的发展成为国际合作运动的典范，究其原因就在于其健全的内部治理机制。加拿大合作社的共同特征是合作社真正属于成员所有，成员个人的财产权明晰，权益和责任对等。成员在合作社中能够表达意愿，行使民主权利，合作社的管理者能够广泛代表成员利益。加拿大合作社尽管类型多样，但都具有较规范的利益联结机制，合作社按惠顾额对成员返利，坚持成员收益与成员贡献对等原则。

（4）非正式制度有助于合作社治理成员彼此信任。良好的合作基础有利于合作社成员之间的沟通和协调，降低合作社运行的成本。比如，以色列的基布兹倡导成员之间平等和互助，基布兹管理人员是人民的公仆，基布兹内部重大决策由社员代表大会做出。此外，发达国家都强调农业合作社的公益性，合作社通过为成员提供教育、卫生、住房、交通等基本公共服务，增强了成员对合作社的信任感和忠诚度。

6.2.3　政府应发挥主导性作用

必须给予合作社优惠政策。合作社比较独特，它具有诸多的二元性特质，既是企业又像中介组织，虽然是民办的，但在幼年时期又需要官助。因此，必须给予合作社的发展以优惠政策。这些优惠政策可以借鉴其他国家的经验，如减税、施加特别保护等，同时又要注意防止不良个人或机构冒用优惠政策。但就是给予优惠政策，我们也要注意创新方式、方法。

必须对烟农专业合作社进行监管。烟农专业合作社既然是社会的一个组织，尤其是行业主导下建立的，行业给予合作社经营资产支持、生产补贴支持等，那么，烟农专业合作社就必须接受行业及地方政府相关的监管，尤其是资产和补贴资金的使用情况，学习借鉴国外对合作社的监管经验，例如，德国成立审计合作社的审计协会。目前，我们也可以采取一些措施规范合作社的运行，比如：组织第三方审计机构定期或不定期对合作社进行例行或专项审计，保证合作社运行的规范，规避相应的经营风险和法律风险。

6.3　国内合作社发展经验及其借鉴

2009 年 10 月，贵州省黔西县林泉镇清塘村烟农蒙光璐等 5 人筹备并组建了黔西县林泉中华基地单元烤烟综合性烟农专业合作社，并于同年 12 月 20 日在黔西县工商管理部门依法注册登记，在合作社所在地林泉镇农村信用合作社联社开设了独立的银行账户，依托清塘育苗工场办公楼进行办公。2014 年 3 月 11 日，通过社员代表大会投票表决，选举清塘村村民杨发国为新一届合作社理事长，并变更合作社名称为"黔西县林泉烟农专业合作社"（以下简称为林泉合作社），于同年 4 月 24 日依法变更注册信息。林泉合作社建设工作在各级政府、烟草部门的关心支

持下，通过几年来的不断摸索和发展，取得了明显的成效。现将林泉合作社 2013
年、2014 年运行情况介绍如下。

6.3.1　基本情况

1. 完善治理结构

林泉合作社从注册成立至今，逐步健全和完善了合作社经营管理机构，建立
了社员代表大会、理事会、监事会"三会"制度，严格采取"理事会领导下经理
负责制"的模式运行。2013 年拥有社员 1683 人（其中烟农社员 1676 人，占社员
总数的 99.58%，烟农入社率达 100%）；2014 年拥有社员 1661 人（其中烟农社员
1582 人，占社员总数的 95.24%，烟农入社率达 100%）。

2013 年 3 月 11 日，由社员代表大会选举产生（社员代表 58 人）了新一届的
林泉合作社理事会及监事会，其中理事会成员从烟农中选举，成员 5 名，分别是
理事长 1 名、副理事长 1 名和理事 3 名，主要负责合作社的资产管理、服务定价、
盈余分配及大额资金使用等重大事项的决策；监事会成员 3 名，监事长 1 名（林
泉烟叶站站长兼任），监事 2 名，主要负责合作社财务监督并列席参加理事会会议，
合作社理事会、监事会人员均未出资参股。

2. 选聘管理团队

合作社推行理事会领导下的经理负责制，2013 年 3 月 11 日召开了林泉合作
社理事会，公开选聘职业经理（由林泉烟叶站副站长兼任），职业经理负责本社的
日常经营管理活动，但不进入合作社理事会。会后同步召开了职业经理组建林泉
合作社经营管理团队的会议，选聘了会计 1 名（聘请取得资质人员担任）、出纳 1
名和合作社管理员 1 名，并根据林泉合作社当年开展的经营业务活动选聘专业化
服务队队长 5 名，明确了各自职责。

3. 注重建章立制

按照"民主管理、民主决策、民主监督"的原则，合作社建立了日常运行机
制，着力推行"15439"运行机制，努力实现管理制度化，即制定了 1 项合作社章
程、5 项专业化服务标准（育苗、机耕、植保、烘烤、分级）、4 项管理制度（社
员代表大会制度、理事会工作制度、监事会工作制度、财务管理制度）、3 个管理
办法（专业化服务验收管理办法、绩效考核管理办法、设施设备管理办法）和 9
项工作职责（社员代表大会工作职责、理事会工作职责、监事会工作职责、理事
长工作职责、监事长工作职责、职业经理工作职责、专业化服务队队长工作职责、

会计工作职责、出纳工作职责），实现了合作社内部管理及专业化服务管理制度化，提高合作社的运行水平。

4. 实行民主管理

2013 年林泉合作社社员代表大会召开了 4 次，1 月 23 日在社员代表的参与下确定了合作社各专业化服务收费标准，实行了一人一票的表决制度，并对收费标准进行了公示，广泛征求社员意见；3 月 11 日由社员代表大会选举产生了林泉合作社新一届的理事会和监事会；7 月 13 日向社员代表通报了林泉合作社半年经营活动开展情况和财务收支情况；12 月 25 日在社员代表的参与讨论下，确定了林泉合作社 2013 年的盈余分配金额。理事会会议依据《黔西县林泉中华基地单元烤烟综合性烟农专业合作社章程》不定期召开了 3 次，3 月 11 日召开了选聘合作社执行经理的专题会议；3 月 15 日讨论通过了理事会成员不领取报酬，根据在合作社花费时间的多少领取务工补贴的议题；7 月 6 日向全体理事会成员通报了合作社上半年经营情况及对下半年工作进行安排。

5. 合理设置专业化服务队

2013 年林泉合作社联合黔西县烟草部门，在开展各环节的专业化服务前，对专业服务人员进行了岗前培训，各类培训共计 16 次，培训人员 600 余人次，并通过理论和实操相结合的形式考核人员技能水平，建立了林泉合作社专业服务技能人员库 507 人，通过 2014 年的不断充实与完善，到 2014 年底合作社技能人员库拥有备选专业技能人员 800 余人。

依托林泉基地单元收购线设置服务片区 5 个、结合烟区的布局组建了 2 个育苗专业化服务队（92 人）、5 个分级专业化服务队（265 人）、综合服务作业组 43 个（作业组内设置有机耕手、植保员、烘师等专业人员共 324 人），主要由专业化服务队队长在合作社技能人员库中进行选择，和各专业化服务队队长签订目标协议和安全协议后开展专业化服务工作，涉及育苗、翻犁、整地、起垄、移栽、植保、烘烤、分级、运输等环节，拥有专业化服务人员 681 名。形成了网络式的服务格局，实现了一基一社。

6.3.2 基础设施状况

1. 设施设备齐全

截至 2014 年底，林泉基地单元已经建成育苗工场 2 个，共计 46 个四联体大棚，7.14 万平方米，供苗能力 3.25 万亩，配套播种机 3 台、剪叶机 13 台；配套各类农机具 727 台（套），其中，大型翻犁农机 48 台，50 马力以上共 23 台，多功能旋耕起垄覆膜机 76 台，多功能微耕起垄机 307 台，单功能深耕机（铧犁式）48 台，单功能旋耕机 53 台，中耕培土器械 188 台，移栽机 2 台，拔秆机 5 台；植保器械 16 台；专业化打孔设备 190 台；密集烤房 1307 间（其中烘烤工场 2 个，烤房 230 间），配套回潮机 72 台；专业化散叶分级场所 5 个，占地面积 52.01 亩，总建筑面积 15 725.1 平方米，功能分区完善（收购区 7268.4 平方米，仓储区 1800.2 平方米，办公生活区 4254.32 平方米，其他面积 2402.18 平方米），配套分级桌 564 张、分级椅 1128 张、分级标准光源 564 套。

2. 产权结构清楚

黔西县烟草部门通过和林泉合作社签订移交管护协议的方式，把育苗工场、烘烤工场、农机具等可经营性资产移交给合作社使用，合作社在章程上明确规定了烟草部门对移交的资产保留有最终的处置权，确保了烟草部门对投入形成的可经营性资产有效掌控，合作社享有移交资产的管理权和使用权。

3. 管护主体明确

烟草行业补贴建设的设施设备（农机具、育苗工场、烤房群、烘烤工场）是合作社开展专业化服务、降低服务成本的基础保障，林泉合作社制定了设施设备管护办法，落实了 15 个管护人员，对育苗工场、烘烤工场和农机具进行管护。2014 年从育苗盈余中提取 10.68 万元对育苗工场进行维护、从公积金中提取 2.39 万元对农机具进行维修维护、从烘烤盈余中提取 1.25 万元对烘烤工场设施设备进行维护，切实开展设施设备管护工作。

6.3.3　专业化服务情况

黔西县烟草部门每年从生产扶持费用中单独列支一部分费用作为专业化服务补贴，作为给予合作社的发展资金扶持。合作社根据烟草部门制定的专业服务指导价格，充分考虑物资成本、劳动成本、管理成本等，从专业服务量、服务收入、专业化服务成本、合作社运行管理成本等方面，由合作社执行经理根据服务价格高于成本 10% 的原则负责制定年度经营策划和制定服务价格。2013 年 1 月 23 日召开的社员代表大会讨论通过了《林泉合作社 2013 年各环节服务成本测算》，实现了服务价格合理，确保烟农受益。

2013 年和 2014 年林泉合作社专业化服务均采取自主经营的方式开展，由执行经理和 5 个专业化服务队队长签订年度专业化服务目标协议，并制定了《林泉合作社 2013 年绩效考核实施方案》和《专业化服务环节验收办法》，方案明确执行经理对专业化服务队队长从组织管理、服务效益和服务质量等方面进行月度考核，专业化服务队队长对队员的作业量、作业效率和作业质量等方面进行环节考核，在环节服务结束以后由合作社人员、烟农代表、林泉基地单元技术人员组成服务质量验收小组进行环节验收，以此为依据核定合作社专业化服务队队长和队员的用工报酬。

林泉合作社开展专业化服务前，由合作社执行经理和专业化服务队队长签订目标协议书（明确服务时间、服务地点、服务量和作业质量等内容）；合作社和有需求的烟农签订专业化服务协议（明确服务价格、数量、时间，以及作业质量要求等）；专业化服务队队长和队员签订安全协议后，按照烟草部门指导下合作社制定的各专业化服务业务流程、技术规程和作业标准制度开展专业化服务工作。

6.3.4 业务拓展

1. 多种经营

2013 年林泉合作社在育苗结束后，利用育苗大棚闲置时间，使用 6 个连体大棚，开展了航天辣椒、豇豆、西红柿等农产品种植，产品销售至周边农贸市场，取得了一定的经济效益，除去经营成本外，盈余 0.54 万元。

2014 年林泉合作社在育苗结束后，利用育苗大棚闲置时间，使用 10 个连体大棚，开展了西瓜、辣椒、西红柿等农产品种植，受洪涝灾害和病虫害影响，所种作物基本绝收，全年亏损 6.59 万元。

2. 物资服务

2013 年林泉合作社为烟农拓展了烟苗专业化运输服务，向烟农配送烟苗 2145 亩，每亩按照 10 元收取专业化服务费用，共收入 21 450 元。

2014 年林泉合作社统一采购波尔多液 22 137 袋，主要防治林泉基地单元烤烟气候斑。

3. 其他服务

1）不适用鲜烟叶处理

2013 年开展不适用鲜烟叶处理服务，每亩按照 20 元收取服务费用，共开展 3590 亩，共计收入 71 800 元。

2）有机肥堆制

2014 年，林泉合作社为烟农提供了有机肥堆制服务，合作社制作有机肥 420 吨，收入 31 万元，支出 28.3 万元，盈余 2.7 万元。

3）专业移栽

2013 年实施 2880 亩，每亩向烟农收费 20 元，共向烟农收费 5.76 万元，烟草补贴 24.9 万元，用于制作井窖移栽器，共计收入 30.66 万元，支出 28.8 万元，盈余 1.86 万元。

2014 年实施 22 137 亩，每亩向烟农收费 15 元，收入 33.2 万元；烟草补贴 14.5 万元，每亩补贴 6.5 元。合作社总收入 47.7 万元，支出 47.1 万元，盈余 0.6 万元。

4）小型农机出租

2014 年林泉合作社向机耕手出租小型农机 63 台，每台每月租金 150 元，共计收入 0.95 万元。

5）科技示范园示范样板点制作

2014 年林泉合作社组织社员为科技示范园制作高标准示范样板，烟草部门给予补贴 2.53 万元。

6.3.5　经营概况

在政府和烟草部门的引导下，林泉合作社经过多年的磨合发展，逐步构建和完善了合作社经营管理机制，进一步规范合作社的财务管理，严格"收支两条线"，建立了详细、完整的收支明细台账，按年度聘请了毕节和禧联合会计师事务所对林泉合作社财务进行了审计。

2013 年，林泉合作社开展烟叶生产专业化服务总收入为 736.42 万元，专业化服务成本 684.46 万元，管理成本费用 22.10 万元，全年实现利润共计 29.86 万元。上交企业所得税 7.47 万元，税后盈余 22.39 万元按照 20%提取公积金，提取金额为 4.48 万元，可分配盈余 17.91 万元，可分配盈余的 60%按照交易量根据设立的社员账户返还社员（主要是烟农社员），返还金额 10.75 万元，可分配盈余的 20%按资产量化返还（3.58 万元）、可分配盈余的 20%作为合作社管理人员奖金（3.58 万元）。

2014 年，林泉合作社开展烟叶生产专业化服务总收入为 730.11 万元，专业化服务成本 647.57 万元，管理成本费用 18.1 万元，全年实现利润共计 64.4 万元。上交企业所得税 16.18 万元，税后盈余 48.52 万元按照 20%提取公积金，提取金额 9.7 万元，可分配盈余 38.82 万元，可分配盈余的 60%按交易量根据设立的社员账户返还社员（主要是烟农社员），返还金额 23.29 万元，可分配盈余的 20%按资产量化返还（7.76 万元）、可分配盈余的 20%作为合作社管理人员奖金（7.76 万元）。

6.3.6　设施管护情况

林泉合作社育苗工场、烤房、农机、打孔器等可经营性设施设备使用较好，除烤房因烟区布局调整出现部分闲置、中耕培土机因农机农艺不配套闲置外，其他设施设备均无闲置。设施管护资金主要来源于各专业化服务产生的盈利，原则上按照各项专业化服务产生的盈利用于维护该项专业服务的设施设备，林泉合作社采取比质比价或者竞争性谈判的方式选择最佳维修服务。

6.3.7　合作社运行中好的做法

林泉合作社严格按照《农民专业合作社法》和其他法律法规规范运行，诚实守信，并且在税务、金融等部门无不良记录，实现专业化服务争议率零、专业化服务投诉率零的目标，运行过程中无重大安全事故发生。2013 年林泉合作社被毕节市人民政府评为先进烤烟专业合作社，2014 年被林泉镇评为服务农业标兵单位。2013 年林泉合作社组织调查烟农 181 户，满意为 62.3%，比较满意为 19.2%，基本满意为 16.5%，不满意为 2%；2014 年林泉合作社组织调查烟农 146 户，满意为 52%，比较满意为 28%，基本满意为 18%，不满意为 2%。

1. 全程实现农机化

2012 年，林泉基地单元作为国家烟草专卖局安排的烟叶生产全程机械化试点单元之一，按照全程农机化的要求，配套资金 234.64 万元（其中烟草补贴 200 万元，财政补贴 7.96 万元，合作社自筹资金 26.68 万元）在林泉基地单元内选型配置了除采摘、打顶外的所有生产环节的烟用农业机械 257 台（套），以林泉合作社专业化服务队为载体在播种、剪叶、耕整、植保、烘烤等环节实施 100% 的机械化作业。通过一年对各类农机具作业性能、作业效果和作业效率的运行测试，筛选出了适合林泉基地单元属丘陵地形地貌生产条件的环节作业机组类型，得出合理的配置台（套）数。并且形成了配套的农机具由林泉合作社统一调度，统一使用，由基地单元组织合作社和烟农共同协商服务时间、服务质量和服务价格，并达成一致，签订服务协议，在生产环节，由烟农向合作社提出服务申请，由合作社统一安排机械化作业的运行模式。

经过两年的测试和运行，林泉基地单元已配套适合丘陵地带操作的各类农机具 727 台（套），并于 2014 年 3 月组建了黔西县林泉烟农合作社农机维修中心，为烟农自有农机和全县三个合作社承担农机具配件的采购工作，并组建了 8 人的维修队伍，对全县三个合作社开展全程农机维修维护工作。

2. 精益生产工作

2014 年林泉基地单元被国家烟草专卖局确定为精益管理试点单元，结合贵州省烟草专卖局《烟叶生产重点环节作业工序指导规范》手册要求，以林泉合作社为载体，重点开展了育苗、移栽、烘烤、专分散收等工序化作业工作。育苗划分为大棚清理消毒、浮盘清洗消毒、铺膜加水、装盘播种、运盘入池、水肥与温湿度控制、间苗定苗、剪叶炼苗、成苗配送 9 道工序和 16 个工位，由专业育苗队员统一开展工序化作业，用工 0.15 个/亩，成本 19.77 元/亩；移栽划分为制作井窖、投苗、浇定根水 3 道工序和 5 个工位，由合作社统一组织开展制作井窖，投苗和浇定根水由烟农完成，用工 0.6 个/亩、成本 49.70 元/亩；烘烤按照采收上炕、烘烤 2 道工序和采收、运输、分类、打捆、上炕、工艺控制、司炉操作、辅助服务、回潮下炕等 9 个工位，由合作社开展专业化烘烤，烘师负责工艺控制、司炉操作，烟农负责采收、运输、分类、打捆、上炕、下炕，用工 1.208 个/亩、成本 170.51 元/亩；专分散收按照调度、分级、纯度检验 3 道工序和排序调度、辅助服务、分组、分级、纯度检验 5 个工位，由烟农自行去青去杂后统一由合作社开展专业化分级工作，工效 143 担/天，人均 3.36 担。2014 年林泉合作社通过工序化作业开展精益试点工作，专业化服务成本较 2013 年降低了 36.89 万元。

3. 专业化烘烤

2013 年林泉合作社将烟草补贴烟农的部分资金与专业烘烤补贴集中使用，烟农向林泉合作社提交申请承诺自愿加入专业烘烤模式，烟农自觉处理不适用烟叶，按要求采摘烟叶、上炕、下炕，林泉合作社组织人员和物资为烟农烘烤烟叶。烟草部门凭烟农交售到收购点的烟叶数量与林泉合作社结算专业烘烤费用，合作社凭烟农烟叶交售微机单到县局（分公司）办理烘烤费用，按照每斤（1 斤 = 0.5 千克）1.35 元给合作社结算专业烘烤费用。该模式具有以下优点：一是烘师愿意接受。专业烘烤费用由烟草部门结算，烘师不担心向烟农收取烘烤费用困难。该模式凭烟农交售的微机单结算补贴，减少烘师烘烤补贴记录，减少以炕次补贴的审核程序，提高专业烘烤补贴的真实性。二是烟农愿意接受。烟农不用支付现金就可以加入专业化烘烤，帮助烟农解决了烘烤技术难、投入大的难题，烟农不担心烤房不够、不担心烘烤投入，不懂烘烤技术也可以种烤烟。三是烟草部门、烘师和烟农形成利益共同体。烘师要督促烟农自行处理不适用烟叶和监督烟农将烟叶交售到指定的收购点。四是不能交售的烟叶烘师不给烟农烘烤，减少烟农损失，缓解烟叶收购压力，减少社会矛盾。

第7章　烟农专业合作社效率优化策略

7.1　加强合作社的自身建设，增强合作社实力

7.1.1　完善现代烟农专业合作社的组织结构和内部治理机制

一个组织能够可持续发展，离不开合理的管理机构和完善的内部治理机制。健全的各项规章制度、有效的内部人员激励机制构成了一个组织有效发展的核心。现代烟农合作社在成立时一般都建立有理事会、监事会等组织管理机制，但是相关的用以保障社员主体地位和民主权利的制度并不是都做到了有章可循。因此，要汇集全社成员智慧，认真详细制定合作社相关章程及管理制度，并狠抓落实工作。引入内外监督相结合的监管机制，在外部监督方面，发挥政府有关职能部门和烟草部门的作用，监督合作社依法按章程从事经营活动；在内部监督方面，通过合作社监事会和会员的监督作用，实行社务公开、财务公开，加强对合作社经营管理情况特别是财务上的监督检查，以便发现问题及时解决。健全这些管理机制、利益分配机制，以及内部人事、财务等规章制度，是现阶段烟农专业合作社亟须改进的。而且在现代烟农专业合作社中，烟农作为主体，他们最关心的莫过于自身的利益，但是在利益分配关系中他们常常处于被动的不利地位，不利于现代烟农专业合作社的长期发展。因此，现代烟农专业合作社作为把烟草公司与烟农联系起来的纽带，需要深化烟叶种植合同契约制度，进一步明确烟草企业的产前投入、设备维护资金投入及风险保障等约定，让烟农敢放心生产、经营。明确社员代表大会、理事会、监事会和经理阶层的职责，明确理事长、监事长和经理的责任和权利关系。同时，按照"权利平等"的要求，坚持烟叶合作社互助互利的本质特征，实行一人一票制，成员各享有一票的基本表决权，充分保证全体成员的民主权利和经济利益，要保护一般成员与出资较多成员两个方面的积极性，使全体成员共同受益。

对于农民组织，现代烟农专业合作社同样要强化财务管理及资产管护制度配套建设，对现代烟农专业合作社内部的现金，股金票据，互助借条，各种存款、账目、支票和印鉴要按规定妥善管理。财务管理坚持"增收节支、勤俭节约"的原则，各项支出必须用于合作社的生产、经营、服务活动及日常管理等相关事项，严格执行先申请（含口头与书面两种申请方式）后使用，特殊情况需召开社员代

表大会商议决定。在资产的购置、验收、保管、使用、处置等环节上，实行"五分开"原则，即购置计划与审批、审批与采购、采购与验收保管、保管与使用审批、处置与审批相互分开，相互牵制，相互监督。

7.1.2　提高现代烟农专业合作社的盈利能力和服务能力

获取更多资金支持的目的主要就是烟农专业合作社可以对自身进行发展，不仅仅是依靠种烟来维持烟农的人均收益，依靠种烟来发展烟农专业合作社。为了增强现代烟农专业合作社的经济实力，应该在获取必要的资金支持后，联系果蔬、食用菌等农业龙头企业，制订在育苗工场种植有机果蔬、在烘烤工场培养菌类的相应生产技术方案，购置生产设备，培训储备技术人才，充分利用烟草公司投入的大棚育苗工场种植无公害蔬菜、麒麟瓜等农作物，利用烘烤工场培育蘑菇等，充分利用烟叶生产与其他作物的特性，合理规划生产，发挥规模效应，对烟农专业合作社建立品牌优势（商标、产地认证、有机食品绿色食品认证等）以提升价格。

围绕现代烟草农业的产前、产中和产后服务，要提高现代烟农专业合作社的服务能力就要加快构建和完善现代烟农专业合作社的专业化分工和专业化服务体系，不仅对烟农的生产环节提供专业服务，也要对信息、金融等各个环节提供服务，提升烟农的满意度。

要加强烟草农业产业化的专业服务，积极开展统一育苗与供苗、统一机耕、统一施肥、统一烘烤、统一植保、统一指导、统一培训；加强现代烟农专业合作社的科技体系建设，对社员进行技术推广，健全植保体系，推进烟草农业科技创新。在现代烟农专业合作社还可以建立信息服务体系，加强现代烟农专业合作社之间信息的沟通，使信息服务系统能覆盖烟草生产和消费的信息网络，还可以帮助现代烟农专业合作社更好地与金融机构协商，增强对烟草农业的金融服务。

为了提高现代烟农专业合作社的盈利能力，现代烟农专业合作社应着手对行业投入的育苗工场、烘烤工场等可经营性资产进行综合利用开发。由于现代烟农专业合作社成立时间普遍较晚，对于设施的综合利用正在摸索阶段。很多合作社都开展了无土栽培实践，利用非种烟育苗季节种植瓜果、蔬菜和食用菌等产品。因此，探索高效、优质的种植品种和技术是提高烤烟设施综合利用效率的重点。

为了增强合作社的服务能力，更好地开展服务工作，合作社要进一步完善专业化服务队工作职责，规范专业化服务流程和管理模式，明确专业化服务价格形成机制和监督办法，统一专业化服务标准和验收考核办法，减少用工成本，提高烟叶生产效率。

7.2　　加大合作社的行业扶持力度

（1）加大补贴力度。各地要将烟叶生产投入补贴向专业化服务倾斜，统一补贴流程，细化管理办法，完善补贴手续，并组织县级分公司和烟叶站开展专业化服务验收，根据服务数量和服务质量，及时规范兑现补贴。

（2）加大人才培养力度。建立完善的培训系统，明确各级烟草公司的培训范围。市州烟草公司要培训合作社职业经理、理事长和财务人员。县级烟草分公司要对专业化服务队队员开展技能培训，重点培养机耕手、专业烘烤人员和分级能手，帮助合作社打造"多专多能、持证上岗、交叉作业"的专业化服务队伍。

（3）加强指导和帮扶。各地要继续执行领导定点挂帮工作制度，细化目标，明确任务，落实责任。明确专人负责合作社建设，可以派员工到合作社帮助理清发展目标、制订工作方案、完善治理结构、指导开展专业化服务、规范财务管理，切实提高合作社规范运行和管理水平。

（4）寻求政策支持。合作社对烟区"三农"发展具有重要作用，由于自身盈利和积累能力较弱，需要从税收政策方面给予扶持。合作社开展专业化服务所需要的启动、周转资金，除预收服务费外，主要靠信贷；但从各地反映的情况看，税收减免和金融支持政策难以落实，是合作社建设过程中的两大难题。各级烟草部门要积极主动争取政府支持，加强与相关部门沟通协调，积极为合作社发展争取政策支持。

7.3　　加大合作社的政府扶持力度

现代烟农专业合作社的成立离不开政府的引导和支持，现有烟农专业合作社的投入主要来自烟草公司，而烟草公司的投入主要是针对烟农专业合作社的生产经营领域。烟农专业合作社扎根于乡镇，当地的环境和基础设施建设对合作社的发展有着重要的作用。合作社自身还处于起步阶段，无法抽出资金对这些条件进行完善，因此，需要来自政府和行业的关心及重视：一是制定对合作社的扶持政策及一系列引导的具体政策措施，充分调动合作社干部和广大烟农的积极性，就土地信托流转方式、程序、管理、优惠政策、争议解决与法律责任等各方面作详细的规定，解决烤烟发展动力不足问题。二是修建配套水利设施、交通道路、农技推广等基础设施，营造合作社发展良好的外部环境。三是要加强宣传培训和健全技术推广体系。对于合作社理事会和监事会的培训，应该强调对国家和行业相关法律、法规、政策及合作社规章制度方面的培训；对于广大社员的培训，除了烤烟生产技术方面外，还要加强对社员合作意识的培养，以提高社员对权利、义务和入社的目的的认知感、荣誉感。同时,要建立多元化的推广体系和相应机制,切实提高广大烟草技术人员和烟农的整体科技素质。

7.3.1　扩大资金的来源渠道和加大财政扶持的力度,提高融资能力

由于现阶段烟农专业合作社的资金来源主要是烟草公司的投入,以及少量的社员投入和外界捐赠,要提高烟农专业合作社的自身盈利能力使之成为一个经济实体,应该首先着力解决外部融资问题,提高烟农专业合作社自身的融资能力。虽然中央有针对促进农业稳定发展,农民持续增收的文件公布,但是如何制定金融支持烟农专业合作社的具体办法,如何放宽对烟农专业合作社的信贷条件,这些细则并没有进一步地出台。

对于现代烟农专业合作社的信贷支持可以通过提供无息、低息贷款等方式以较低资金使用成本来扶持烟农专业合作社,减轻其偿债压力。但是由于金融机构提供的无息、低息的贷款总数是有限的,在给烟农专业合作社提供信贷的时候,可以考虑对烟农专业合作社按照其规范化、标准化程度进行打分排序,有针对性地提供必要的信贷支持。

7.3.2　加大培训力度,提高关键成员的专业技能和经营管理的能力

现代烟农专业合作社的进一步成长,不只是合作社社长成长,更是要使合作社内影响力较大的关键成员都将成为其发展的关键。关键成员素质的高低也将成为烟农合作社发展的重要因素之一。针对目前关键成员整体素质不高、生产经营的积极性偏低,又无有效的激励措施的现象,可以从组织结构的完善入手,通过前述的措施完善理事会、监事会、社员代表大会等机构和制度后,进一步引用中高级专业技术和管理人才,充分利用大中专院校、科研院所、猎头公司的人才引进优势,并结合合作社的实际需要,积极引进技术管理、经营管理、财务管理等方面的优秀人才。让这些中高级人才的收入与烟农专业合作社的经营业绩相关,从而提升烟农专业合作社的绩效,同时考虑到现有关键成员的影响力和号召力,对他们加大培训和考核力度,充分发挥其个人影响力,带动烟农生产。努力在合作社营造尊重知识、尊重人才的浓厚氛围,注重发挥已引进人才的作用,为其提供更多施展才华的舞台,在尊重人才个性和才能的前提下,实现个人价值和合作社价值的完美统一。

只有当关键成员的综合能力都提升了,才会考虑到合作社应该如何提高烟农的整体素质。烟草公司也要加大对烟草技术人员的培训,充分考虑人才不同的实际,制订不同的培训计划,尽快提高新进人才适应合作社需求的能力,形成人才

在合作社优先培养和使用的氛围，在培训和交流中提高工作能力。烟草技术人员到各村对烟农展开培训，使烟农能熟练掌握烟叶生产的新技术，以及烘烤技术、烟叶分级技术和防止病虫害技术等，同时要制定有利于烟农发展的考核激励制度和相应的扶持措施，全面提高烟农的综合素质，让烟农自己也成为有文化、懂技术、会经营的新型职业烟农。

7.3.3　建立健全保障机制，抵御和防范风险

随着合作社种植规模的扩大，投入增加，烟农在获得规模效益的同时，风险也在不断增加。因此，通过建立健全全方位、多层次的烤烟种植风险防范机制，能有效解除烟农种植烤烟的后顾之忧，实现烟叶生产的可持续发展。建立烟农专业合作社的风险保障机制主要有以下几个方面：第一，建立灾害预警及风险分担机制。由于烟农种植烟叶是露天栽培，靠天吃饭的现象仍然存在。一方面，要建立自然灾害预警机制，让烟农可以及时了解天气的变化，提前预防和减少灾害损失；另一方面，要创新互助方式和担保机制，一旦灾害发生，最大限度降低烟农损失。第二，建立土地流转长效机制。土地流转的不确定性会增加承租与出租双方的机会成本，同时土地不能大规模连片流转也增加了烟叶生产成本和种植管理成本。因此，要积极开展土地的确权工作，对土地的价值做出合理的、可靠的估计，在比较长的时间内稳定土地的流转关系及租金的增长方式，让租赁双方对未来收益有一个比较清晰的预期。第三，建立农忙雇工稳定机制。宁乡县富源合作社有比较好的尝试：首先，选拔 25 名信息员，对周边富余劳动力情况进行摸底；其次，建立覆盖周围乡镇，尤其是偏远乡镇的劳动力资源中心；再次，对劳动力按家庭和个人特征进行分类；最后，需要劳动力时提前联系，专车接送，用工费用由合作社先行垫付。富源合作社的做法解决了农忙时劳动力短缺的问题，非常有借鉴意义。

7.3.4　扩大土地流转的面积，促进规模化种植

现代烟农专业合作社要有效地为烟农提供种烟技术及统一的专业化服务，如果是传统的一家一户生产，是发挥不了合作社应有的效率的，实施统一机耕也是不实际的，因此烟农专业合作社要有效地为烟农提供服务，最直接的就是要扩大土地流转的面积，变小田为大田，实现规模化种植，提高种烟效益。

通过当地烟站为土地流转探好路。烟站统筹所辖片区的种烟情况，汇总各片区宜种烟田块及相关人员联系方式，以保障烟叶生产面积和质量为第一要务，积极引导合作社入户协调土地流转。再通过烟农合作社牵头，为土地流转保驾护航。

以合作社名义，在片区广泛开展土地流转宣传，充分发动社员到所在片区做思想工作，在扩大烟农专业合作社的影响，吸纳更多社员的同时，也为本社成员、社外大户和职业烟农流转更多种烟土地，保持烟叶生产健康、持续、快速发展。

7.4　构建"政工商研"共同引导和支助的现代烟农专业合作社

现代烟农专业合作社是为了解决烟叶生产过程中如何进行有效的专业化分工、社会化服务等问题应运而生的，是为了适应烟叶生产周期长、环节多、劳动强度大、生产风险高等诸多特点而谋划的提高资源配置效率和促进生产力发展的有效方式。为了提高现代烟农专业合作社的运行绩效，构建"政工商研"共同引导和支助下的现代烟农专业合作社组织体系，可以有效发动全社会的多方面参与，构建政府、工业企业、烟草公司和科研机构引导下的，以基地单元为单位，以增强核心重点卷烟品牌特需原料可持续保障能力为主要目标的现代烟农专业合作社。在合作社的成立与运行过程中，形成一种合作社框架下的共生运行模式。

在政府的引导下，明确相关电力、电信、科技、发改、财政、工商、税务、金融、交通、民政、扶贫、公安等各部门在发展现代烟草农业中的职责。在协调各个部门合作的同时，应特别强调烟草部门在整个现代烟草农业生产中的责任及权力，明确烟草部门在烟叶生产各环节的管理与督导任务。在现代烟农专业合作社建设过程中，需要政府运用关系协调力（部门之间、民众之间等多重关系），社会调控力（政策、价格、计划等），资源统配力（政治、经济、技术、社会、文化等多方面资源）和社会助推力（集中力量办大事等）等，集中提高现代烟农专业合作社的绩效，发展现代烟草农业。

烟草行业不仅要强化基本烟田建设，完善基础设施（烟水工程、烟路工程、育苗工场、烘烤工场及烤房、农机具等），加强基层站点建设，还要在建立防灾减灾体系、信息化管理体系、专业化服务体系等方面做出极大的努力。实现工业企业通过基地单元建设，不断加强优化烟叶结构、订单农业生产、散叶收购、特色优质烟叶开发的科技投入和扶持。

现代烟农专业合作社发展离不开科技的创新，为了搞好现代烟草农业和基地单元建设规划，有效地开展现代烟草农业建设的基础保障，提高现代烟农专业合作社的运行绩效，需要从科研机构中进行人才培养，建设基地单元，开发特色优质烟叶，进行技术推广应用，以及对合作社全程设计运行进行探索实践，按一个合作社服务一个基地单元的基本要求，在建设品牌核心原料基地、打造专业烟农队伍、提升生态优质烟叶品质等方面取得良好的运行效果。

坚持"政府引导、烟草扶持、部门配合、烟农主体"的合作社建设工作机制不动摇，进一步理顺合作社与基层烟站、合作社与当地村委会的关系，切实做到站社分开、村社分离。明确合作社主要为成员提供产前、产中和产后服务，开展可经营性资产综合利用，并负责设施管护；烟草站负责指导合作社建设，参与服务标准制定、服务价格监督和服务质量考评，监督行业可经营性资产的经营和管护；村委会负责支持配合合作社各种专业化服务的开展，协调解决在业务开展中合作社与烟农之间的各种矛盾。

第8章 贵州烟农专业合作社效率实证研究

8.1 烟农专业合作社发展现状

自 2008 年以来，贵州省按照国家烟草专卖局的统一部署，立足省情，大胆探索创新，狠抓烟农专业合作社建设。按照"珍珠项链式"现代烟草农业建设模式，以基地单元为载体，坚持"种植在户、服务在社"生产组织形式的发展方向，以示范社建设为抓手，深入推进综合服务型烟农专业合作社建设，取得积极成效，"公司＋合作社＋职业烟农"的烟叶产业化经营模式初步成型，以规模化、职业化、专业化为主要特征的现代烟叶生产方式初步形成。全省组建烟农专业合作社129 家，社员 12.7 万户，覆盖面积 233 万亩。经过近 10 年探索和建设，全省烟农专业合作社呈现以下特点。

8.1.1 合作社发展方向明确，运行规范

（1）方向明确，模式统一。合作社发展之初，有生产型合作社、服务型合作社和集生产、服务为一体的综合型合作社。通过开展合作社专项研究和建设实践，提出了综合服务的合作社发展方向，形成了"种植在户、服务在社"的烟叶生产组织模式、"一基一社、综合服务"的合作社建设模式和"社统队分、片区服务"的运行机制，促进了全省烟农专业合作社由生产型向服务型转变，由专业服务型向综合服务型转变，由"一基多社"向"一基一社"转变。

（2）体系完善，运行规范。在推进过程中，形成了合作社组织、服务、经营三个体系，推动了合作社规范运行。合作社健全"三会"制度，实行职业经理负责制，组建专业化服务队，设置服务片区，形成较为完善的组织体系。同时，不断延伸服务环节，丰富服务内容，拓宽服务覆盖面，逐步形成基地单元全面覆盖的专业化服务体系。建立以"收支两条线"为核心的财务管理制度，确立以成本为基础、以微利为原则的定价机制，实行以交易量为主的分配方式，形成了"收支分离、合理定价、普惠共赢"的经营方式。

（3）机制健全，扶持有力。各级烟草部门高度重视合作社建设，下发指导意见、运行规范等文件，明确建设目标，出台政策措施，层层开展培训，落实专人指导，落实定点帮扶，形成了烟草支持合作社建设的工作机制。烟草部门将育苗

工场、烘烤工场、闲置站点等设施交给合作社使用，将烟草农机直接补贴配发给合作社，并积极为合作社解决办公场所。

8.1.2　合作社服务能力提升，发展后劲增强

1. 专业化服务水平稳步提升

为烟叶生产提供全过程专业化服务，实现减工降本、提质增效是合作社建设的根本目的。按照"全面覆盖、全程服务"的要求，服务环节不断增加，服务覆盖率不断提高。2015 年，全省育苗、分级专业化服务达到 100%，机耕、起垄、移栽、植保、烘烤也取得了突破。2013～2015 年，合作社累计开展自制有机肥 30 万吨，推广面积 414 万亩，有机肥生产成为合作社新的服务内容和新的利润增长点。遵义、铜仁、黔南等产区依托机械化井窖制作，专业化移栽稳步推进。各地结合散叶插秆烘烤技术应用，积极推进专业化烘烤。一些合作社在设施综合利用、物资代购、不适用鲜烟叶处理、烟秆和废弃农地膜回收利用等方面开展了积极探索，进一步拓展了服务内容，促进了烟叶主推技术落实。

2. 减工降本增收效果明显

合作社建设有效地推动了专业化分工，提高了劳动生产率，全省亩均烟叶生产用工从 29.6 个减少到 22.6 个，条件较好、设施配套完善的基地单元减至 20 个左右。专业化服务推动了先进适用技术应用，烟叶生产水平不断提高，烟农收入持续增加。2015 年,全省种烟农户 13.5 万户,种植烟草 237.7 万亩,收购烟叶 592.97 万担，烟农总收入达 79.9 亿元，户均收入 5.9 万元，较 2010 年提高 2.24 万元。

3. 合作社发展后劲不断增强

现代农业建设和合作社的发展，形成了适应山区发展的建设模式，积累了经验，奠定了基础。一是有较为完善的设施基础。全省建成育苗工场可供苗 180 万亩，集群烤房和烘烤工场可烘烤 270 万亩，分级工场可分级 450 万担，有机肥工场可生产有机肥 20 万吨，农机具可供 200 万亩烟地使用，烟草公司建成的 65 亿元的烟叶生产设施，完全可以交给合作社统一使用，打牢了专业化服务的设施基础。二是有较高的规模化种植水平。通过统一土地流转、统一规划布局、培育职业烟农等措施，规模化种植水平不断提升，带来了较强的服务需求。全省种植专业户和家庭农场 12 万户以上、种植比例 90% 以上，户均种植面积 18 亩左右，100 亩以上连片种植比例 80% 以上。三是有较为成熟的服务模式。按照"珍珠项链式"布局，以连片种植区域、集群设施作为最小服务单位，组建专业化服务队开展专

业化服务，较好地解决了山区专业化服务组织实施困难的问题。同时，积极推动技术创新和模式优化，如机械打孔井窖移栽、散叶烘烤，流程化、一体化、工序化作业等，简化了操作流程，提高了作业效率。四是有较好的队伍基础。目前，全省近一半示范社聘请社会高级人才做职业经理，思路目标清晰，经营能力和管理水平较高。培养了一支较为稳定的、技术水平较高、操作能力较强的专业化服务队伍，部分人员还获得了相关部门的操作证书。五是有良好的经营业绩。2014年，141 个合作社有 138 个合作社盈利，盈余总额 3819 万元，平均盈余 27.08 万元，盈余占总收入的比例为 4.32%；2015 年，128 个合作社有 122 个合作社盈利，盈余总额为 5264 万元，平均盈余为 41.1 万元，盈余占总收入的比例为 5.56%，盈余水平逐年提高，经营能力不断增强。

8.1.3　合作社扶持力度加大，发展环境优化

全省各地烟草部门重视合作社建设，加大投入补贴，有力地推动了合作社的发展。一是设施保障。各地把育苗工场、集群烤房、农机具交给合作社统一管理和使用，截至 2015 年育苗设施 357 万平方米，密集烤房 8.3 万座，农机具 4.76 万台（套），资产总额为 36.08 亿元，平均每个合作社 2558 万元。二是补贴推动。2014 年，贵州省烟草专卖局下发文件，调整烟叶生产投入方向，加大服务补贴，推动专业化服务。2014 年合作社总收入 8.85 亿元，平均每个合作社 632 万元；合作社收入中烟草补贴 3.57 亿元，占 40%。2015 年合作社总收入 7.77 亿元，平均每个合作社 606 万元；烟草补贴 3.58 亿元，占 46%。三是培训带动。贵州省烟草专卖局印发了《专业化服务工序化作业手册》，每年对合作社理事长开展专题培训，各产区对专业化服务人员加大培训，提高了合作社人员的业务水平和操作能力。

通过近 10 年的发展，贵州省合作社建设对推进现代烟草农业建设、转变烟叶生产方式、促进烟叶生产减工降本、推动烟农持续增收做出了重要贡献，取得了积极成效，贵州省烟农专业合作社建设走在全国烟农专业合作社和全省农民专业合作社建设的前列，截至 2015 年全省有 11 家合作社荣获全国烟草行业示范社称号。

8.2　烟农专业合作社发展中存在的问题

8.2.1　烟农专业合作社的认识有待提高

一方面，一些地方对发展合作社的目的意义认识不到位、思路不清晰、措施不力，没有把合作社建设放在现代烟草农业建设的重要位置来抓，一些合作社只

有架子，没有真正开展工作。另一方面，一些地方对合作社自我组织、民主管理、自我服务的基本属性不清楚，过度参与、包办代替，甚至把合作社作为少数人营利的组织，损伤烟农利益。一些地方对设施集群、连片种植、职业烟农培育等重视不够，合作社发展基础不牢，建设水平不高，运行效果差。

随着全省现代烟草农业建设全面推进、基础设施逐步改善、合作社建设普遍开展，全省烟叶生产规模化、专业化、集约化取得了明显进步。事实证明，只有真正把合作社建好了，转变烟叶生产方式、推进现代烟草农业建设才能找到有效的着力点。因此，要有定位更高的发展目标，立足于把合作社建设推到更高水平。就全省来讲，就是要按照"珍珠项链式"现代烟草农业建设模式和"一基一社"合作社建设模式，完成基地单元合作社建设，实现专业化服务全面全过程覆盖。具体来讲，就是合作社运行水平、服务能力、经济实力、发展能力要显著增强，服务面积达到 2 万亩以上，收益水平达到 1000 万元以上，真正成为规模化种植、减工降本、烟农增收致富的组织主体，烟叶生产亩均用工力争降到 15 个以内。从更高层次来讲，合作社要成长为农村、农民的重要组织，要有凝聚力、影响力和社会地位。

8.2.2　专业化服务能力和服务水平有待提升

一是服务覆盖率低。一方面，环节覆盖率低。设施集中、盈利水平高的环节覆盖率高，如育苗、分级；服务分散、盈利水平低的环节覆盖率低，如烟地深翻、起垄覆膜、烘烤等；还有些环节没有实质性的突破，如移栽、植保、采收等。另一方面，烟农覆盖率低。着重开展核心区、连片区域和种烟大户的专业化服务，对相对分散、设施条件较差及小规模农户的服务比例低。2015 年，全省合作社统一组织实施的专业化深翻、起垄、移栽、统防统治、烘烤分别只有 38.4%、39.3%、27.3%、30%、11%。二是仍然存在转包、分包服务，以物资供应代替专业服务，以技术指导代替服务作业的现象。育苗环节，一些产区育苗点分散、设施不配套，合作社将育苗简单分包给育苗户，合作社收取一定的服务费用。机耕环节，合作社统一组织实施比例低，普遍采取将农机转包给机耕手或直接租给烟农进行作业。植保烘烤环节，以蚜茧蜂繁放和农药采购供应为主，统防统治比例低。烘烤环节，以技术指导为主，由合作社负责烘烤作业的专业化服务比例低。三是服务成本高、效率低。育苗环节用工完全可以降到每亩 0.2 个左右、成本 20 元左右，现在收费普遍在 40 元左右。机耕环节，以小型机、微耕机为主，效率低、质量差。分级环节，一些产区采取烟农初分、合作社二次分级的方式，延长了作业流程，增加了烟农用工量。一些合作社服务人员技能水平不高、操作不熟练、团队协作差，服务效率低。

　　烟农专业合作社的主要职能，不在于寻求市场订单和组织烟叶销售，而在于通过烟农自己组织起来，深化分工与合作，为烟叶生产提供综合性专业化服务。烟草补贴设施交由合作社用管，目的也是为烟农提供专业化服务。因此，专业化服务是合作社的核心业务，是合作社收入的主要来源。合作社要把烟叶生产全过程的专业化服务统一组织起来，做到天天有事做、月月有钱赚，而不是只开展一个或几个环节的专业化服务。如果合作社全过程专业化服务都覆盖到位，单个合作社收入可达到 1000 万元以上，盈利可达到 100 万元左右，这将有效提升合作社的自我发展能力。

8.2.3　合作社经营管理水平有待提高

　　一是站社关系有待进一步理清。部分烟站派出的执行经理对合作社的民主选举、经营决策、运营管理一手操办，合作社理事会、监事会基本不参与，导致合作社民主决策、自主经营、规范管理的意识缺乏、能力不足，一些合作社连服务联系、服务收费都由烟站员工代替。二是合作社自身造血功能弱。合作社资产绝大部分为烟草补贴资产，平均每个合作社自有资产仅 48.5 万元；合作社经营收入中，烟草公司的补贴收入占比 40%以上，合作社对烟草补贴依赖程度较高。三是经营水平有待提高。一些合作社结构复杂，运行效率低，拿固定工资的人过多，管理成本高。部分合作社薪酬激励机制不合理，影响了经营管理人员积极性。烟农拖欠服务费较普遍，也影响了合作社的正常运营。

　　效益来源于管理。合作社管理的重点是资产、成本、收益、分配。要建立和完善资产台账，实施分类管理，做到合理利用、有效管护。要建立收支专户管理，严格执行财务"收支两条线"，专业化服务收入要由合作社统一入账，支出要由合作社统一核算，确保财务规范运行和资金安全。要以成本为基础、以微利为原则，在烟草补贴的基础上，进行合理定价，防止一些环节定价过高、一些环节定价过低。要按照"多分少留"的原则，根据烟农烟叶交售量，同时考虑行业补贴资产的普惠性质，将盈余按比例分配给烟农，充分调动烟农入社的积极性。

8.2.4　合作社扶持政策扶持力度有待加大

　　大部分烟农专业合作社难以享受到国家对农民专业合作社在税收、融资贷款、生产资料（煤、电、油）等方面的优惠政策。主要表现在：不同产区，甚至一个县内，合作社的纳税种类不同，一些地方合作社用工、营业收入、利润均需缴税；纳税比例不同，增值税从 3%到 17%，营业税从 3%到 15%，其他税从 2.5%到 10%；

合作社大部分资产为烟草补贴的资产，担保能力弱，信贷融资困难；运输、烘烤等用油、用电不能享受农业用油、用电价格优惠。

合作社对烟区"三农"发展具有重要作用，自身盈利和积累能力较弱，需要从税收政策方面给予扶持。合作社开展专业化服务所需要的启动、周转资金，除预收服务费外，主要靠信贷；但从各地反映的情况看，税收减免和金融支持政策难以落实，是合作社建设过程中的两大难题。各级烟草部门要积极主动向政府汇报，加强与相关部门沟通协调，积极为合作社发展争取政策支持。

8.2.5　合作社运行有待规范

一是制度建设有待加强。一些合作社制度不健全，职责不清晰，或者有制度不落实，运行管理欠规范。一些制度可操作性差，日常运行管理随意性大。二是财务管理有待规范。大部分合作社业务数据和财务数据不吻合，有的合作社上报的服务量与财务收支差距大。一些合作社未按《农民专业合作社法》的规定开展盈余分配，"收支两条线"和"统一核算、分队考核"财务制度执行不好。少数合作社支出把关不严，随意列支礼品费用、接待费用。三是服务监督不严。一些产区对技术指导型、承包转包型服务也给予补贴，个别合作社甚至出现虚报服务量套取补贴的违规违法现象。

烟农专业合作社的基本属性是烟农互助、合作，基本特征是自主经营、民主管理，基本做法是决策、经营分离。"三会"制度是民主管理的基本保障。要通过建立和完善"三会"制度，实现民主决策、民主管理、民主监督，体现烟农意愿，满足烟农需求，维护烟农利益。合作社管理人员要精干，组织机构要高效，管理成本要降低。合作社的规章要完善，制度要落实，执行力要高，管理要规范。合作社运行要高效，服务网络要优化，服务设施与服务规模、服务半径与服务能力、服务质量与服务效率三个方面都要匹配。

8.3　提升烟农专业合作社效率水平的措施

实践证明，烟农专业合作社建设是提升基地单元现代烟草农业建设水平、转变烟叶生产方式的有效载体，是提升烟叶组织化程度、推进烟叶技术落实的重要抓手，是增加烟农收入、促进产业可持续发展的有效途径。下一步，要坚持"以烟为主、综合服务"的发展方向，以稳定增加烟农收入为主线，以构建新型规模化生产经营体系为核心，以示范社建设为抓手，以减工降本、提质增效为目标，进一步规范合作社运行管理，提升专业化服务和经营管理水平，拓展多元化服务，创新生产组织形式，深入推进现代烟草农业建设。

　　2016 年，贵州省创建 30 个省级示范社，累计建成 100 个示范社，完善提升 129 个合作社，建成 6 万名"多专多能、持证上岗、交叉作业、相对稳定"的专业化服务队伍，其中专业烘烤 8000 名。努力实现"亩均减工 2 个、降本 200 元""亩均收入 3400 元、户均收入 6 万元以上"的目标。

8.3.1　完善服务体系，提高合作社专业服务水平

　　专业化服务是合作社核心业务，是合作社收益的主要来源，合作社建设的重点就是要提高专业化服务水平。一要建好两支队伍。要培养和遴选有较强经营管理能力的人才，引导和吸收社会能人到合作社中来，用好经营管理人才，推动人才强社；要优化组织架构，简化管理层级，职业经理经营管理能力要强，团队要精干，人员要精简，运行要高效，成本要降低。要制订规划，明确目标，采取多种方式开展专业服务人员操作技能培训，培养机耕手、烘师和分级能手。各地要对烘师开展培训，考核合格后发证，烘师执证服务。二要提高服务覆盖率。育苗、机耕、有机肥堆制、分级等覆盖率高的环节要着力优化服务模式，通过机械化、流程化、工序化，提高效率，降低成本；起垄、移栽、植保、烘烤等环节要重点突破，完善服务模式，提高服务覆盖率，这几个环节的覆盖面积的比例要达到 60% 以上，覆盖农户的比例要达到 80% 以上。同时，通过专业化服务，推动高起垄、深栽烟、水肥一体化、土壤保育、成熟采收、散叶插扦等主推技术应用，提高烟叶生产水平和烟叶质量水平，增加烟农收入。三要优化服务模式。坚持合作社统一组织、专业化服务队片区作业，按环节组建专业化服务队；以连片烟田和集群设施为基础，按生产网格组建作业团队，实行片区服务、网格作业、连片实施。要做实专业化服务，一律不得简单分包、转包，不得以技术指导代替专业化操作。育苗环节要以育苗工场或服务片区组建育苗专业化服务队，合作社统一组织专业化育苗，防止简单组织专业户育苗的服务方式；机耕环节要重点推行合作社自有或租用农机统一开展机耕的模式，防止简单地将农机转包给机耕手或租给烟农；烘烤环节要采取采烤一体化、全托式（负责煤电和烘烤作业）和半托式（负责烘烤作业）三种专业化烘烤模式，防止采取简单指导的服务方式；分级环节，要坚持合作社集中专业化分级，减少烟农初分，优化流程，防止重复作业。四要提高服务效率。要加大各环节先进适用农机的配备与使用，提高设施化、机械化水平，提高劳动生产率。要优化作业流程，将服务环节划分成几道作业工序，根据工序设置工位、配置人员，按照作业标准，在育苗、机耕、移栽、烘烤、分级环节实施工序化作业。积极开展施肥起垄一体化、打井移栽一体化、采收烘烤一体化、烘烤分级一体化，做好团队组织，加强团队协作，提高效率，降低成本，切实解决减工不降本的问题。

8.3.2　规范运行管理，提升合作社经营管理能力

效益来源于管理，规范管理是基础，高效运行是目标。一要完善治理结构与管理制度。要突出烟农主体地位作用，坚持民主管理、普惠共享，规范盈余分配，防止损伤烟农利益，推动烟农主动参与，强化"烟农建、烟农管、烟农受益"的制度保障。建立和完善合作社决策议事、服务流程、服务定价等规章制度，确保制度落地，强化规范管理。建立社务公开制度，法律章程要求公开的要向社员如实公开，逐步实现公开事项、方式、时间、地点的制度化。二要加强财务管理与审计监督。要严格执行以成本为基础、以微利为原则的定价机制，以交易量为主的盈余分配方式和以"收支两条线"为核心的财务制度。合作社要配备有资质的会计人员，也可委托有资质的单位代理财务。加强成本管理，尽量减少拿固定工资的人员；加强资金管理，防范资金风险，大额支出项目必须由理事会集体决策，完善审批制度，严格审批流程，严禁将合作社作为烟站的"小金库"。合作社要按照法律要求和章程规定，开展盈余分配，落实普惠共享，维护烟农利益。全面开展第三方审计，凡未开展的，不得参加省级示范社评比。三要提高经营管理水平。烟草部门要开展理事长、经营管理人员和财会人员培训，提高合作社管理团队素质水平。要引导合作社实施目标管理、预算管理、绩效管理等，提高合作社自主经营、自主管理的能力。

8.3.3　积极拓展服务，多渠道增加烟农收入

积极开展烟田、设施综合利用和多元化经营，促进以烟为主的产业融合，提高资产运营效率，增强合作社造血功能，增加烟农收入。一要拓展多元化服务。完善合作社利益分配机制，积极引导传统烟农转型为专业化服务队伍，参与专业化服务，增加劳务收入。积极探索将烟用物资运输供应，烟水工程、机耕路建设、土地整理等基础设施项目中的劳务用工交给合作社，拓宽合作社收入渠道。二要开展烟田及设施综合利用。在烟田前茬、后茬、育苗设施的闲置期，由合作社统一组织开展蔬菜、花卉、水果、中药材等特色农产品生产，在集群烤房和烘烤工场闲置期，积极探索食用菌种植、畜牧养殖等，增加烟田复种指数，提高土地产出率和设施利用率。要建立能人带动、合作社组织、烟农参与的机制，调动各方积极性。要积极稳妥，不要盲目跟风；要选择有市场、有特色的品种，规避市场风险，防止经营亏损。三要积极开展烟田废弃物回收利用。由合作社进行农作物秸秆、农地膜回收利用，提高资源利用率。农作物秸秆可用作制作有机肥、生物质燃料等，废弃农地膜可用于生产育苗盘、运苗盘、装烟筐等，既增加收入，又保护烟田环境。

8.3.4　理清站社关系，提升对合作社的指导水平

合作社是联结烟站和烟农的桥梁和纽带，要加强引导、指导、服务和扶持，提高工作水平。一要明确定位、分清职责。烟草部门和烟农专业合作社是平等的法人主体关系，要维护合作社主体地位，尊重合作社自主经营权，合作社理事会、监事会要由选举产生，不得指派，把合作社真正建成烟农自己的合作社。合作社是专业化服务、技术推广、设施管护的实施主体，是为烟农服务，为烟农打工，不是领导烟农、管理烟农。烟草公司要引导、指导、扶持和服务合作社，而不能将合作社作为烟站的下属机构，不能将自己的职责交给合作社。烟草部门应坚持"扶上马、送一程"，对起步的合作社，可以派员工到合作社担任经营管理和财务人员，帮助理清目标、制订方案、指导服务、规范管理。对运行规范、经营良好的合作社，烟草部门应逐步退出管理层，推动合作社加强自身能力建设。二要科学引导、分类扶持。以规范运行、专业服务、经营管理为核心，进一步建立和完善合作社评价体系，组织开展示范社进行回头看、再评价，对"制度完善、管理规范，服务水平高、运行效果好"的合作社进行重点扶持。要积极探索对合作社职业经理、管理团队的目标考核、专项奖励等激励机制，引导高级专业人才进入合作社。三要加强指导、监督落实。对专业服务要进行技术指导，对服务质量、数量进行验收核实，按质按量规范补贴，保证技术落实、补贴到位。各市、州公司要专门组织财务审计人员对所辖合作社逐一进行指导，确保财务管理规范。

8.3.5　培育职业烟农，夯实合作社发展基础

培养职业烟农是创新烟叶生产组织形式，构建新型经营体系，深入推进现代烟草农业建设的重要措施。要坚持"行业引导、烟农自愿、严格标准、动态管理"的原则，开展职业烟农评定、差异化服务和动态管理，打造一批"以烟为主、精于种烟、年种植 20～50 亩"职业烟农队伍。一要抓好职业烟农评定。各单位要在优化烟农队伍的基础上，按照评定的流程和评定办法，在培训考核的基础上，分高级、中级、初级三类评定职业烟农，并按照"一户一档"的要求，规范建立职业烟农档案。二要实施差异化扶持。结合烟叶生产投入补贴预算，从计划安排、土地流转、生产投入、专业服务等方面，按照职业烟农级别，建立分类管理办法，实施差异化扶持。积极探索对职业烟农开展银行信贷、购买新农合、子女上学奖励等，增强职业烟农的归属感。三要开展职业烟农动态管理。要根据当年的烟叶生产收购情况，开展职业烟农考核评价，建立进退机

制。根据每年评价结果，达不到标准的降低级别或取消资格，达到标准的保留级别，超过标准的提高级别。

8.3.6 加大扶持力度，规范投入补贴管理

一要强化投入补贴的引导作用。加大对专业化机耕深翻、旋耕起垄、采收烘烤、专分散收的补贴力度，对合作社开展地膜供应、回收利用在国家烟草专卖局规定的范围内给予补贴。要加强投入补贴管理，对承包转包式服务、技术指导式服务、烟农互助式服务、承包户育苗、带机入社及机具出租机耕、农户自分散收等一律不得补贴。要根据服务面积、服务量进行直补，坚决杜绝虚报服务面积套取服务补贴、损伤烟农利益的行为。服务费用由烟农直接向合作社缴纳，或由银行代扣，不得由烟站员工向烟农收取服务费用。二要配好设施。烟区公司要围绕基地单元合作社，集中建设、综合配套烟叶生产基础设施，特别是要加快作业效率高、作业质量好的烟草农机配置，提高农机化水平。要把育苗大棚、密集烤房、农机具、有机肥工场等设施，交给合作社使用，并利用好闲置站点，帮助合作社落实农机停放场地、办公场地和办公设施。三要争取政策支持。各烟区公司要认真研究合作社的相关政策，加强沟通协调，积极争取信贷支持、税费减免、农机补贴、设施用地、用电用油、项目建设、设施管护等方面的优惠政策，加大宣传力度，争取更好的空间，营造更好的氛围，共同推进合作社建设与发展。

第9章　贵州烟草行业与助农增收的实证研究

9.1　基　本　情　况

通过发挥现代烟草农业新优势，提升烟叶产业发展水平；提高设施资源综合利用水平，发展多元化产业；继续实施产业扶贫，大力推进精准扶贫等措施促进烟农增收。2016 年贵州省种植烟草 221.6 万亩，烟农户数 12.16 万户，收购烟叶 549.24 万担，烟农种烟收入 72.1 亿元，加上多元化收入达到 73.8 亿元，户均收入 6.07 万元。

9.1.1　发展多元化产业助增收

围绕提升设施综合利用、基本烟田综合利用、废弃资源综合利用，培育烟农增收特色产业，延伸产业价值链，推动烟农多元增收。

（1）坚持因地制宜，做实三项综合利用。一是因地制宜开展设施综合利用。利用育苗设施开展瓜果蔬菜、花卉苗木、中药材、食用菌等特色农产品；利用密集烤房开展双孢菇、黑木耳、竹荪等食用菌生产及畜牧养殖等。2016 年，育苗大棚利用面积 300 万平方米以上，烤房利用 3 万座以上，实现烟农增收 6000 万元以上。二是因地制宜开展基本烟田综合利用。利用基本烟田轮作期和空闲期，按照"合作社 + 烟农"的模式，开展粮食、蔬菜、花卉、中药材等地方特色农产品种植。2016 年，贵州省合作社利用基本烟田 20 万亩以上，烟农增收 2 亿元以上。三是因地制宜开展废弃资源综合利用。围绕烟叶生产全过程的需求，积极争取政府支持，用好烟草扶持补贴政策，开展农作物秸秆、酒糟、农地膜、烟秆等废弃物的资源化利用。2016 年，贵州省合作社自制有机肥 15 万吨以上，废弃农地膜加工利用 50 万亩、生产成品 2500 吨以上，烟秆回收利用 40 万亩以上，实现降本增收 7500 万元以上。

（2）坚持科技创新，发展特色产业。与龙头企业合作，以双孢菇为突破口，开展菌种、基料研发，食用菌生产、加工、销售、产品开发等，实现全产业链发展。立足自主创新，对香菇、竹荪等食用菌，开展基料生产、产品生产和产品加工，对特色蔬菜、中药材开展初加工，实现加工增值。加强科技合作，发展中高端产品生产，对双孢菇、竹荪、有机蔬菜等建立技术标准，统一商标注册、统一宣传口号，培育 3～5 个特色农产品品牌。通过品牌培育、延伸价值链提高产品附加值，实现烟农增收 2000 万元以上。

（3）紧盯社会需求，拓展服务内容。支持合作社利用烟用机械，在非烟草生产季节拓展社会化服务。鼓励合作社开展育苗基质生产、蚜茧蜂繁放和烟用农资代购，承担基础设施建设、管护项目及拓展其他社会化服务项目。2016 年，烟机综合社会化服务 50 万亩以上，实现增收 2500 万元以上；合作社承担蚜茧蜂繁放 160 万亩以上，烟农降本增收 1000 万元以上；开展烤房设施、煤炭、农药等烟用物资代购降本增收 500 万元以上；开展基础设施建设管护及其他社会化服务实现增收 500 万元以上。四项合计 4500 万元以上。

（4）坚持市场化运作，创新组织形式和销售模式。开展"合作社建设转型提升"行动，进一步提升合作社组织能力和经营管理水平，发挥合作社在助农增收中的主体作用，强化合作社的组织经营职责。积极推进合作社定向销售、农校对接、农超对接等，大力推广"龙头企业＋合作社""合作社＋烟农"订单生产组织模式，积极探索"合作社＋卷烟销售平台""合作社＋电商平台"营销模式，突破多元产品销售难题，提高多元产品市场占有率和竞争力。理顺利益分配机制，规范合作社盈余分配，合作社盈余分配助农增收 2000 万元以上。

（5）坚持与扶贫攻坚结合，推动产业扶贫和精准扶贫。贵州省烟草专卖局落实专人，做好六盘水市水城县整县帮扶和威宁县石门村定点扶贫。对 2016 年 720 户贫困户脱贫任务，在摸清情况、分类指导的基础上，做到五落实，即落实方案、落实人员、落实责任、落实措施、落实考核，实现精准帮扶、精准脱贫。

9.1.2　做稳做精烟叶主业促增收

保持烟农收入稳定增长，必须提高烟叶生产水平、提高亩均收入，提高现代农业建设水平、降低生产成本。2016 年贵州省确定的目标是上等烟比例达到 55%以上、提高 8 个百分点，担均价达到 1280 元以上、提高 60 元，烟叶收购产值 64.2 亿元，加上专分散收等现金补贴 3.6 亿元、多元化收入 4.2 亿元，烟农总收入达到 72 亿元，与 2015 年基本持平，户均收入要有所提高。主要从以下几个方面抓烟叶主业增收。

一是培育职业烟农、提升规模化种植水平。要通过职业烟农的评定、培训和差异化管理，培育职业烟农 2 万名，种植面积 50 万亩以上。同时，集中规划烟区、优化烟区布局，实现集中连片种植。2016 年，100 亩以上连片种植比例 80%以上，全省户均种植面积 19.48 亩，较 2015 年提高 1.26 亩。

二是提升专业服务、推进烟叶生产减工降本。开展现代烟草农业升级版基地单元建设，做实、做强合作社，加强专业化服务队伍建设，提高服务覆盖面和服务环节，重点突破机耕、移栽、烘烤，机耕 60%以上、一体化移栽 40%以上、专业化烘烤 60%以上，烟叶生产全过程生产用工降到 19 个以内。

三是强化科技创新，提高烟叶生产水平。优化烟区、品种、技术布局，强化良态、良田、良种、良法配套，加强工商合作，深化基地单元建设，建立完善"山地生态有机烟"生产技术体系，抓好关键技术应用，提高烟叶生产水平，优化烟叶等级结构，增加亩均收入。

四是防灾减灾，完善风险保障机制。根据贵州气候特点，努力实现"三基本"（4 月下旬基本栽完、9 月中旬基本采完、10 月上旬基本收完），避灾害、争光热。加强与保险公司合作，实现烟叶种植保险全覆盖，完善风险保障机制。

9.2　实现烟农增收的长效机制研究

2007 年以来，贵州省烟草行业认真贯彻落实中央决策部署，不断加大投入力度，稳步提升烟叶收购价格，深入推进现代烟草农业建设，着力强化科技创新应用，有效提升了烟农收入水平。新常态下，烟草产业面临转型发展，"去产能、去库存、调结构、促转型"将是当前乃至今后一段时间行业发展的重点与难点。推进转型发展、促进烟叶产业平稳发展，迫切需要拓宽新渠道、挖掘新潜力、培育新动能。促进烟农持续增收是继烟田基础设施建设、现代烟草农业建设之后行业又一项重大历史任务，是夯实产业基础、减少转型阵痛、加快转型发展的迫切需要，也是烟草行业履行社会责任、彰显企业社会担当的必然要求。要深刻认识新形势下促进烟农增收的重要性、紧迫性、艰巨性，转变观念、转化方式、转型发展，在思想上真正明确，在行动上真抓实干，在措施上创新思路，在组织上保障得力，确保促进烟农增收工作见实效，为行业持续健康发展奠定良好基础。

9.2.1　总体要求

1. 指导思想

以"创新、协调、绿色、开放、共享"五大发展理念为引领，深入推进农业供给侧结构性改革，切实转变发展方式，打造现代烟草农业新优势；拓宽增收渠道，挖掘增收潜力，建立多元经营产业体系、生产体系、经营体系、技术体系，增强烟农增收新动能；继续实施产业扶贫，大力推进精准扶贫。推动形成"主业增收、辅业创收、扶贫助收"的烟农增收新格局，确保烟农收入持续稳定增长。

2. 基本原则

坚持因地制宜、注重实效的原则。根据自然生态条件和市场需求，因地制宜选择品种、选择项目，注重发展特色明显、市场需求旺盛的名特优农产品。因地制宜选择组织模式，建立和完善非烟产品生产经营体系，将多元化经营建立在特色的产品、稳定的市场和可靠的销售渠道上，确保产得出来、销得出去、收入有增加；充分利用现有设施资源，不搞大投入，不搞面子工程。

坚持合作社组织、烟农参与的原则。做实烟农专业合作社，提高合作社经营管理水平，充分发挥合作社生产组织、产品销售的职能，充分调动合作社在促农增收中的积极性、主动性和创造力，强化合作社在促农增收中的平台和支撑作用。充分发展烟农主体作用，积极引导烟农参与专业化服务、开展基本烟田或基础设施综合利用，延伸产业链，增加务工收入和多元化经营收入。

坚持行业引导、市场化运作的原则。烟草公司要积极宣传引导，加大政策扶持，帮助合作社和烟农寻找市场、选择产品、指导生产、做好销售；尊重和维护合作社与烟农市场主体地位，坚持合作社自主经营、自负盈亏，不得大包大揽，不得越俎代庖；推动而不强迫、扶持而不包办，尊重市场规律，把握市场需求，依据区位条件，分析客户需求，依托农业龙头企业，实现订单生产、定向销售；在试点示范的基础上稳步推进，不搞行政命令，不要急于求成。

坚持设施综合利用、发展品牌农业的原则。积极依托当地自然生态条件、特色农产品品牌、目标市场需求等多种资源，充分发挥行业体制、政策、技术、队伍和资源优势，围绕烟叶产业链延伸、围绕基础设施和基本烟田的综合利用、围绕社会化服务和市场化需求拓展，推动多元经营、综合开发，打造多元化农产品品牌，切实提升土地产出率、资源利用率和劳动生产率。

9.2.2　促进烟农增收的工作重点

1. 打造现代烟草农业新优势

在加快构建现代烟草农业设施、经营、服务、流通、信息五大体系的进程中，努力提升烟叶生产种植规模、生产效率、经营收益，筑牢促农增收根本保障。

提升户均种植规模。以推进农村土地承包经营权确权登记为契机，依托土地流转中心、村委会和合作社等平台，建立健全烟地长期、统一流转机制，推动土地资源加快向职业烟农集中，提升规模效益。引导烟农以多种方式流转承包土地经营权，着力解决好种植户稳定、流转年限稳定、流转价格稳定三个问题，推动烟叶集中规模化种植。

提高烟叶作业效率。坚持整体规划、集中投入、连片推进、规模实施，按照先流转、后整理的要求，加快基本烟田轻度、中度整理，逐步提高基本烟田连片作业规模。深化产学研合作，重点突破移栽、采收等用工较多环节机械作业水平不高，以及丘陵山区适用机型不多两个制约瓶颈，加强机手操作技能培训，科学调度作业农机，促进机械化作业提档升级，提高农机作业效率。加强烟农合作社建设，延伸服务环节，大力推广小苗移栽、水肥一体、散叶烘烤、采烤一体等轻简生产技术，积极推行工序化作业，提升服务效率，持续降低亩均用工。

提高亩均经营收益。以提高烟叶成熟度为核心，聚焦种、采、烤、分四个重点环节，切实抓好土壤保育、良种推广、冬翻深耕、小苗膜下深栽、成熟采收等适用技术集成推广，改善烟叶内在品质和等级结构，提高亩均收入。实施流通降损计划，通过科学回潮、安全存放、堆捂醇化、专业运输，有效减少烟叶造碎、霉变等损失。实施减灾降损计划，通过加强气象预报与病虫害测报、绿色防控与综合防治、完善救助体系等，努力防范和降低自然灾害及病虫害损失，提高烟叶生产纯收益。

2. 拓宽烟草设施利用新渠道

在做好主业提质增效促增收的基础上，积极开展多元经营，培育烟农增收新动能。

探索形成一批产业化农特产品。坚持市场主导、因地制宜，重点围绕育苗工场、烘烤工场、烟用机械和基本烟田，根据当地生态资源优势和区位特点，合理选择农特产品种类，探索开展多元化农特产品产业化经营与服务。利用基本烟田轮作期和空闲期，探索"菜、果、草、药"等非烟农产品产业化种植；利用育苗设施闲置期，开展瓜果蔬菜、花卉苗木、水果、中药材等农特产品生产；利用烘烤工场闲置期，种植食用菌、开展农作物烘干服务等；利用烟用机械，为玉米、水稻、小麦等作物开展育秧、机耕、机收等服务。先从单一品种、小规模开始，先行先试，让闲置的设施资源先利用起来，提高设施资源利用率和烟农增收的受惠面。

建设一批多元化农特产品示范基地。在农特产品产业化种植的基础上，系统考虑多元化农特产品布局。选择一批基础设施完善、生态优势明显、生产基础较好的烟叶基地单元，从多元化农特产品的生产、销售、存储、加工等环节入手，按照"标准生产、规模种植、统一收储、产销对接、加工增值"的方式，建设农特产品示范基地。推行"种植在户、管理在社"的生产组织形式，建立标准化生产质量体系，严格按标准组织产品生产，着力开展品种优化、品质提升，提升农特产品质量水平，率先产生增收示范效应。

打造一批多元化农产品知名品牌。在规模种植、标准生产的基础上，重点探索农特产品品牌化运作。充分利用当地自然生态资源、特色农产品资源和行业资源优势，加快合作社农产品品牌注册，统一生产标准，打造蔬菜瓜果、食用菌、花卉、大米等特色品牌。积极鼓励龙头企业与合作社、合作社与合作社之间交流合作，在统一品牌的基础上，统一商标认证、统一商标标识、统一宣传口号，积极支持开展 SC 食品生产许可及绿色产品认证，加快发展"三品一标"（无公害农产品、绿色食品、有机农产品和农产品地理标志）产品。

3. 创新构建多元农产品营销新模式

充分整合市场、行业、电商等资源要素，创新营销模式，拓展新业态、新模式，重点突破销售难题，提高多元产品市场占有率和竞争力。

开辟产销一体渠道。在合作社自行开展销售、农超对接、农市对接的基础上，全面推行有技术、有市场、风险可控的农企对接方式。积极引进农业龙头企业，借助龙头企业资金、技术、品牌、管理、信息等优势，实行订单生产、定向销售，积极探索股份合作、资产量化入股、土地经营权入股等运行模式，建立完善共建共享、共同经营、共担风险的利益联结机制，完善"龙头企业＋基地＋合作社＋农户"全产业链模式。

构建两大营销网络。发挥行业体制优势，用好烟草"金字招牌"的口碑和影响力，依托卷烟零售户的营销渠道，推动多元化农特产品进入烟草零售直营店，逐步构建非烟产品销售网络，完善多元化经营产业链。抓住农村电商加速发展的契机，依托阿里巴巴、京东、苏宁等运作规范的电商平台，借鉴"互联网＋订单农业"的成功经验，在电商平台开设特色产品店，拓展线上直销，减少中间环节，推广应用互联网信息平台，实现多元化经营特色农产品原产地直供。鼓励合作社联合，利用信息化手段，开设网上地方特色馆，加大宣传推介力度，积极开发合作社微信平台，定期发布产品信息和食用常识，提高产品知名度。

探索非烟物流体系。在充分利用社会物流资源的基础上，引导多元化农产品进入卷烟物流配送体系，先行探索食用菌类等农特产品卷烟条状包装，进入卷烟分销渠道，进行物流配送，降低运输配送成本。

4. 完善全产业链增值新动能

进一步优化多元化产品产业结构，延伸产业链、健全价值链，促进三产深度融合。

延伸烟叶产业链产品与服务。注重烟叶配套产品（服务）的开发，积极拓展合作社有机肥、育苗基质、地膜回收加工、生物质能源生产、蚜茧蜂繁放、烟用农资代购、基础设施建设等项目，延伸烟叶产业价值链，增加合作社服务收入。

拓展多元化农产品加工。依托烟草补贴设施,大力发展与设施农业相关的加工业,重点是根据多元农产品特点,引进小型实用机械、小型设备,就近就地开展农产品的初加工和精深加工,延长产业链条,提高产品附加值。依托当地农产品加工交易市场,开展农产品分级包装、烘干加工、仓储、冷链物流等,特别是食用菌类,可利用烤房进行种植,烘干、分级、包装等初加工后,保质期较长,有利于长距离运输销售。

进一步拓展功能农业。立足烟区乡土气息、田园风光优势资源,以行业援建的水源工程、烟田基础设施资源为切入点,深入挖掘农事体验、科普教育、观光休闲、创意文化等功能,鼓励发展农家乐、特色民宿、农耕体验等旅游休闲项目,把烟区的绿水青山变成烟农口袋中的金山银山。

5. 建设合作社促农增收新平台

继续发挥行业体制优势,在规范运营管理上加强引导,在创新经营机制上持续发力,提升合作社建设水平,为多元发展提供组织保障。

加快整合各项资源。整合资产,帮助合作社完善股权管理机制,按照经营权转移和资产折股入社的方式,将育苗工场、密集烤房和烟用农机等烟草补贴资产按社员当年种烟面积量化到所有社员,积极探索土地经营权量化入股合作社。整合资金,建立合作机制,积极引导烟农入社入股,对社员入股资金、招商引资、农业科技及经营提取的发展资金等实行集中管理、统筹使用,充分发挥有限资金的作用。整合劳动力资源,在做好专业服务的基础上,吸纳农村劳动力开展多元化经营与劳务输出。

加快提升经营能力。加快从以烤烟为主的经营模式向烤烟+多元经营的运作方式转变。在育苗、机耕、植保、烘烤、分级专业服务上,继续完善种植在户、服务在社、统一经营、社统队分的运作模式。在多元化经营上,逐步建立经营在社、分户作业、片区管理的运作模式。农特产品种植、畜牧养殖由合作社统一计划安排、统一技术管理、统一产销对接,农户分户管理;有机肥、育苗基质、地膜回收加工、生物质能源生产、蚜茧蜂繁放、烟用农资代购等,按照公司制企业的组织运行模式实体经营;烟用机械服务拓展可参照烟叶专业服务进行组织管理,推行"统一经营、分队核算、小组作业"的运作模式,提高自我发展能力。

建立科学的利益联结机制。合作社按照"收益共享、风险共担"的原则,理顺利益分配机制,科学分配盈余,保障发展成果普惠共享。烟草种植收入归烟农所有,合作社专业化服务所产生的盈余应按章程返还。多种经营产生的盈余,应根据资产量化到烟农的股份、烟农土地及资金入股股份进行分配,切实保护烟农应得利益。

6. 探索产业扶贫新路径

扎实抓好产业扶贫，切实增强贫困烟区内生动力。统筹行业资源，找准烟叶生产在扶贫攻坚中的定位点、结合点和贡献点，要充分发挥行业自身优势，在烟叶生产收购计划分配、基础设施建设及维修管护项目对贫困烟农和老少边穷地区给予倾斜，全面提升贫困烟区农业现代化水平，加快贫困烟区和贫困烟农脱贫致富步伐。优先扶持贫困地区发展多元化特色农产品产业，优先培育贫困烟农成为合作社产业工人。抓好对口帮扶，带动异地扶贫搬迁建设、新农村建设、小城镇建设、公益项目建设。加大科技扶贫力度，利用烟叶科研优势，发挥孵化器、推进器作用，帮助建设农民教育培训基地和科技示范基地，完善帮扶地区基层农技推广体系，建设夯实产业发展科技支撑。

对负责扶贫开发的贫困地区和贫困户，要认真细致开展排查，建档立卡，摸清贫困人口数量、贫困程度、主要致贫原因等信息。坚持因地制宜、对症下药，集思广益制定扶贫措施，把好帮扶项目选择、资助、推进、跟踪等关口，切实扶到点上、帮到根上。建立扶贫联系责任制，落实帮扶力量和具体责任人，建立责任清单，将扶贫任务细化、具体化，确保稳定脱贫。落实专项救助，对因灾返贫、因病返贫、因学返贫等实施分类指导，确保稳定脱贫。

9.2.3 促农增收的工作措施

1. 强化发展规划指导作用

以烟叶基地单元为单位，统筹规划、衔接产业。按照"行业引导、合作社组织、烟农主体、市场运作"的原则，因地制宜、突出重点、注重实效，科学制订烟农增收发展规划。一是明晰多元经营实施路径。要立足资源禀赋，根据烟田与设施资源的分布和使用情况，结合农业产业规划和区位条件，对市场需求、营销渠道开展调研，选好产业，选好品种，找准切入点；要按照"先行先试、典型示范、打造品牌、产业集聚"的路径，对多元经营产业体系、生产体系、经营体系、技术体系进行全面规划。要以烟农合作社为平台，对多元经营进行系统设计，做到烟农增收与合作社发展同配套、同进步。二是细化多元经营目标措施。要明确多元经营的目标任务、工作思路、方法步骤、产业选择、政策保障，细化促农增收的工作措施、组织架构、人员分工、进度安排、绩效考核。

2. 强化科技创新引领作用

加强科技合作。依托行业内外有关专门研究单位做好技术支持，深入开展多元化产业项目研究，打造促农增收示范基地。帮助烟农专业合作社找准市场定位、筛选经营品种、完善种养技术，积极推进设施农业、无土栽培等技术，提高多元产品科技贡献率。

加快农业科技示范推广、集成创新和成果转化步伐，提高技术到位率。发挥行业优势，建立以市级烟叶生产技术中心为支撑、县级技术推广站和基层烟站为主体、烟农专业合作社为平台的技术推广体系。支持科研人员与合作社开展技术合作，通过科技入股等形式参与多元产品开发与经营，提高经营效益。

加强技术标准体系建设。加强与科研院所、大专院校的合作，支持龙头企业或合作社集成先进适用技术和农业科技成果，建立多元化农产品生产和产品质量标准，加强质量安全体系建设。借鉴烟叶质量控制的经验做法，协助烟农专业合作社建立多元产品质量管理和追溯体系，严格过程管理，严把产品检测关，确保产品质量和安全。

3. 强化人才队伍支撑作用

按照"选聘一批、培训一批、转化一批"的总体思路，加快培养促农增收各类人才。切实加强烟技员、职业烟农、专业服务、多元经营四支队伍建设。一是烟技员队伍。加强基层烟技员的引进、培养，建立和完善激励机制，提升基层烟技员技术素质和业务水平。把多种经营技术指导纳入培训计划，加强烟技员农业生产经营技能培训，提高行业4万名烟技员队伍的综合素质，往一专多能的方向转化，使其不仅能指导、服务好烟叶生产，还能成为多元经营创收指导的行家里手。二是职业烟农队伍。培育"以烟为主、精于种烟、种植面积在20~50亩"的职业烟农，稳定烟农队伍，提高烟农技术水平和经营管理能力。同时，要加强多元化产业技术、质量、管理培训。三是合作社产业工人队伍。加快培育一批烟叶生产各环节专业化服务能手，增强专业服务技能水平和熟练程度，提高作业质量和作业效率。同时，在种烟空闲期，能够服务多元产业。四是合作社经营人才队伍。依托烟农培训基地、地方职业学校、农民远程教育、龙头企业培训力量等资源，培育一批多元化经营行家里手，实现专业化分工，提高组织效率，推进产业化发展。

4. 强化政策措施保障作用

一是整合国家及地方政府政策资源。积极争取高标准农田建设资金、农机农业补贴、职业烟农激励计划、合作社税收减免政策、返乡下乡人才创业政策、电网用电扶持政策、电商扶贫政策、网络扶贫政策等资金及政策支持。二是用好烟草行业政策资源。用好行业设施建设、设施管护、生产投入、风险救助、营销渠道等方面的资源，行业政策应向多元经营、促农增收积极引导，以捐赠、奖励的方式，积极支持合作社开展多元化经营，解决其资金短缺的问题。三是用好市主体资源。充分利用龙头企业、金融机构、交易平台、电商平台等市场主体在资金、技术、品牌、管理、信息、渠道等方面的优势，形成整合效应。

9.2.4　组织保障

（1）加强领导。贵州省各级烟草部门分层成立工作领导小组，主要负责人任组长，分管领导任副组长，烟叶、计划、科技、财务等职能部门为成员单位，明确目标，组织专班，任务到人。

（2）明确责任。要科学规划，层层落实责任。要精心组织试点，创新工作，主动作为，不等、不靠、不要。要认真研究，精心部署，落实措施，有效推动。要注重方法，利用座谈会、推进会、交流会等形式，细致入微，做好工作。

（3）强化考核。各级烟草部门要严格按照《国家烟草专卖局办公室关于印发促进烟农增收考评指标体系的通知》（国烟办综〔2016〕523 号）文件要求，建立完善考评体系，细化到年份、细化到指标，按目标排任务、排进度，贫困烟农要定点到户、落实到人，并与年终考核挂钩、与绩效工资挂钩、与选人用人挂钩。

9.3　黔西县分公司 2016 年烟农增收整县推进实施方案

9.3.1　指导思想

以现代烟草农业为统领，以市场需求为导向，以烟农增收为主线，按照"创新、协调、绿色、开放、共享"五大发展理念，切实转变发展方式，努力稳定烟叶发展，全面提升烟叶生产水平。

9.3.2　目标任务

1. 总体目标

2016 年，黔西县烤烟指导性种植 4.6 万亩、收购烟叶 11.5 万担、上等烟比例 64.31%以上，较 2015 年提高 4.71 个百分点，担烟均价 1338 元以上，较 2015 年提高 94.35 元，烟农亩均收入 3344.72 元，较 2015 年提高 233.49 元，等级合格率 80%以上。

2. 烟农增收目标指标

以 1000 亩左右烟田为管理单位，建立网络化管理精准扶贫模式，每个网格重点帮扶 1 户以上贫困烟农,实现烟农亩均收入 3500 元以上。通过实施打井移栽一体化、采烤一体化和分收一体化工序化作业实现亩均用工降低 1 个以上(力争 2 个),烟农增收节支 100 元以上。培育鉴定职业烟农 240 户、专业烘师 120 名。

9.3.3　工作措施

1. 坚持市场导向奠定烟农增收基础

一是全面落实优质特色品种。优质特色品种是工业企业根据品牌发展所确定的烤烟品种,也是产区烟叶风格特色彰显和形成的基础。截至 2016 年,黔西县有国家烟草专卖局基地单元 3 个,分别为林泉基地单元对应上海烟草集团中华品牌,主栽品种毕纳 1 号,绿化基地单元对应安徽中烟黄山品牌,主栽品种毕纳 1 号,重新基地单元对应广东中烟红双喜品牌,主栽品种毕纳 1 号,在根茎性病害严重的石坪区域辅以云烟 87。不安排非计划品种种植,确保产区烟叶风格特色稳定,形成工业企业稳定的原料供应基地,为烟农持续稳定增加收入奠定基础。二是深入推进结构优化工作。烟叶等级结构偏低与工业企业烟叶等级结构需求高的矛盾,是黔西县烟叶生产的突出问题,必须深入推进烟叶结构优化工作,处理好上部、下部不适用烟叶,减少烘烤过程中不适用烟叶的产生比例,提升上等烟叶结构。各基地单元要加强烟叶市场形势宣传,引导烟农积极开展烟叶结构优化工作,要根据市场的变化需求,重打下部烟叶 3~4 片,弃烤上部烟叶 2~3 片。通过减少烟农无效投入来增加烟农收入,切实提高单位面积烟农种烟收益。

2. 主推关键技术落地增加烟农收入

1）深沟高垄技术

在移栽前一周完成开沟起垄工作,起垄高度 25~30 厘米,做到垄体饱满,垄线笔直。面积较大的低洼平整地块,每块烟地四周开边沟,中间开中沟,其深度超过垄沟,保证春夏多雨季节烟地雨后排水通畅,不积水,确保烟地排水顺畅,从而改善烟地水、肥、气、热状况,促进烟株生长发育。

2）水肥一体化技术

100%制作"简易集雨池",满足移栽时施 100%提苗肥、农药定根水,追肥时 100%追肥溶水施用,达到 100%水肥一体。提苗肥移栽当天亩施 2.5 千克配方比例为 N∶P_2O_5∶K_2O = 15∶8∶7 的提苗肥、100 毫升 5%高效氯氟菊酯兑水 250 千克混匀作为定根水,每株追施肥液 0.2~0.25 千克。追肥移栽后 20~25 天内追施配方比例 N∶P_2O_5∶K_2O = 13∶0∶26 的追肥,亩施 20 千克,兑水 200 千克,每株追施肥液 0.18~0.2 千克。

3）打顶抑芽技术

推行"二次打顶"，晴天上午进行，打顶时做到先打健株、后打病株，打顶抹杈后的芽、杈必须全部带出烟田放入消毒坑中集中销毁，防止病虫害繁殖和交叉传染。根据品种特性确定最佳留叶数：云烟系列确保留叶 18～20 片、毕纳 1 号确保留叶 20～22 片。采用盛花一次性打顶，严禁扣心打顶，杜绝低打顶。

打顶后采用"杯淋"或"涂抹"的方法，实行 100%化学抑芽。抑芽选择在晴天上午进行，对于超过 2.5 厘米大的腋芽，手工抹芽后再施抑芽剂。

4）上部 4～6 片叶一次性砍（采）烤技术

采取上部 4～6 片叶充分成熟一次性带茎砍烤技术，能够有效解决上部烟叶烤后成熟度差、叶片僵硬、叶片厚、杂色重、基部带青的问题，能有效提高和保证烟农收入，降低烟农烘烤损失，减少上部叶杂色烟叶的产生。要严把成熟采收，要求成熟至充分成熟采收，上部倒数第二片叶黄斑明显，主脉变白发亮，叶尖、叶边发白下卷，达到充分成熟时，选择晴天上午采收。

3. 实施减工降本增加烟农收入

1）推广机械化作业减工降本

结合烟地整地起垄、施肥、覆膜、打孔移栽、植保、生烟采收、烟叶运输、烤后回潮等生产环节的作业量、农机现有存量，结合各种农机具的性能、作业条件、作业时限、作业效率等因素，按照先进适用、技术成熟、安全可靠、节能环保的要求，选择机型及配套机具，使各环节机械化作业率达 100%，促进生产方式的转变、降低烟农成本、提高劳动生产率。

2）推广工序化作业减工降本

（1）打穴移栽一体化。全程实施打穴移栽一体化作业，由 8 人组成移栽作业小组（由专业化服务队队员或烟农自行组成），2 人轮换操作一台打穴器，按照株距要求定点打穴，轮休一人可根据实际情况参与投苗或浇淋水肥；2 人负责在制作好的井穴内投放烟苗；1 人负责配比药肥水，并用小型农用车运送到移栽地点；3 人负责浇淋药肥水。（作业标准详见《烟叶生产重点环节作业工序指导规范》）

（2）采收烘烤一体化。在试点范围所属烤房群全面实施采、烤一体化作业。由 8 人组成采摘作业小组（由专业化服务队队员或烟农自行组成），6 人负责按照烘师要求进行烟叶采摘，2 人分类后运输至烘烤地点。烤房群以 10 间为一个作业单元，每 10 间烤房设置 1 名专业烘师、2 名辅助服务人员，1 名司炉操作人员，负责设置烘烤曲线、添煤、清理煤渣及卫生。

烟农按照交售到收购点的数量扣除售烟款 1.1 元/斤作为专业化烘烤费用，烟草部门补贴 0.25 元/斤，合计专业化烘烤费用为 1.35 元/斤。

（3）分级收购一体化。针对原专业分级散叶收购流程中存在的分级工积极性不高、烟叶分级质量有待提升等问题，全面开展"1148"专业化分级模式。"1148"专业化分级模式即合作社 1 名分级组长，配置 1 名辅助运烟工、4 张分级台，带领 8 名烟叶分级队员组成一个分级组，收购期间完成 1500 担左右烟叶分级任务。

3）推广应用创新工具减工降本

（1）框式翻板散叶插扦烘烤。该技术集成了挂竿、散叶堆积、散叶插扦烘烤的优点，达到了装烟均匀、装烟量大，减工降本和烘烤质量好的目的。可有效解决散叶烘烤烟叶易倒伏、烤后烟叶容易出现平滑、僵硬、烘烤难度较大和散叶插扦烘烤装烟环节烦琐等问题。

该技术具有四大优点：一是增加装烟量。比挂竿烘烤装烟量增加 2500 千克以上，增加比例达 80% 以上。二是降低装烟、卸烟用工成本。每公斤（1 公斤 = 1 千克）干烟成本降到 0.6 元以下，较挂竿每公斤干烟减少 0.3 元以上。三是降低能耗成本。每公斤干烟能耗成本为 1.2 元以内，较挂竿每公斤干烟减少 0.3 元以上。四是提高烟叶烘烤质量。烟叶烘烤质量与挂竿烘烤基本一致。

（2）定量施肥枪。在试点全程使用定量施肥枪追施追肥药液，实现"定时、定量、定位"的养分供应，解决烟株营养不协调，提高烤烟肥料利用率，满足烟株对养分的需求规律，有效提高烟叶产量和质量。

4. 多种经营拓宽烟农增收渠道

一是利用烤房综合利用增加烟农收入。各基地单元在烤房烘烤结束后由合作社组织烟农种植双孢菇增加烟农收入，完善"以烟为主、多种经营"的农业生产模式。由合作社提供技术指导，农户自主经营、自负盈亏，合作社负责产品的销售。二是利用烟地产业延伸增加烟农收入。为提高烟地复种指数，充分提高土地利用率和产出率，增加烟农收入。试点在烤烟采烤结束后引导烟农利用烟地套种豌豆、小麦，间作油菜，促进烟农增收致富。

5. 加快科技成果转化，加速烟农增收步伐

一是根据不同的品种需肥特性，适当降氮、增磷、增钾。在 2015 年的基础上，2016 年配方总体降低 1 个氮以上。即亩施基肥 35 千克，提苗肥 2.5 千克，追肥 20 千克。移栽前起垄时基肥与 50 千克（含氮 3.5%）酒糟有机肥作为底肥一起条施。二是加快废旧农地膜回收。2016 年，黔西县烟草专卖局（分公司）回收残膜 174.5 吨，回收标准按 6 元/千克补贴烟农。回收率（覆膜量/使用量）要达到 50%；利用残膜加工造粒 52 吨，生产烟地集雨器 10.4 万个，满足 0.5 万亩烟地的集雨使用。三是绿色防控。2016 年，确保全县烟叶农残超限率控制在 10% 以内；病虫害发生率控制在 15% 以内；病虫害统防统治覆盖率达到 80% 以上；化学农药的使用

量比上年减少 5%；烟叶农残超限率控制在 6%以内。全面禁止使用容易造成烟叶农残超限的三唑酮（三唑醇）、多菌灵、甲基硫菌灵和菌核净等农药。

6. 强化职业烟农和烘师培育，激发烟农自身创收能力

随着城镇化进程的加快，农村大批青壮年进城务工经商，农村农业用工难问题越来越突出，当务之急就是要大力培养有文化、懂技术、会经营的新型职业烟农和职业烘师。职业烟农一般经营烟叶生产 20～50 亩，以烟叶生产作为家庭的主要经济来源项目，年家庭种烟收入在 10 万元以上；职业烘师以烤房群和育苗大棚为依托，通过开展专业化烘烤服务获得稳定收入，年收入 5 万元以上。

7. 完善风险保障机制，保障烟农种烟收益

一是加强与气象部门的深度合作，加强信息互通与资源共享，及时发布气候预测信息，为烟叶生产防灾减灾工作提供科学参考。对冰雹常发区域，及时联系气象部门增加防雹作业；对地势低洼地带，要深挖排水沟，做好防洪防涝工作。二是完善灾害救助机制。认真落实烟叶种植保险工作安排，帮助烟农降低灾害风险，提高灾害承受能力，保护烟农种烟积极性。2016 年全面实施烤烟种植保险政策。按照烟草公司每亩 27 元、政府财政每亩 13.5 元、烟农每亩 4.5 元的标准认真落实烤烟种植保险。三是利用各项优惠政策，完善烟农激励机制。2016 年烟叶收购价格总体调低了下部和上部烟价格，调高了中部烟价格；继续执行生产环节明补政策，收购结束后按照上等烟每担 70 元标准执行，新技术补贴按照中部上等烟每担 100 元、其他上等烟每担 70 元的标准执行。通过以上各项优惠政策，不断优化烟叶生产补贴扶持方式，引入烟农星级评定等激励机制，奖勤罚懒，鼓励烟农诚信经营、合法经营，确保诚信烟农种烟收益持续增加。

第 10 章　总　　结

10.1　现阶段烟农专业合作社建设需要正确认识的几个问题

10.1.1　合作社发展效率问题

应该从层次性来看待烟农专业合作社的发展效率问题。合作社效率不仅与其自身价值相关，还涉及社会总福利。对于单个合作社而言，这种多元的效率标准可通过分层次来实现。合作社首先需实现的效率目标应是其内部效率，在此基础上再考虑其外部效率。

第一层次是投入产出效率标准。作为一个微观经济组织，有着与其他企业一样的性质特征，即经济效率目标是合作社有效运营的集中体现，也是实现其他目标的基本前提和重要保障。在现有技术水平下，如何最有效利用各种资源，将投入要素配置到最佳状态，从而实现产出最大化，应是合作社效率的第一个层次。投入产出效率标准是判断合作社效率的经济原则，在实践中可衡量合作社内部治理的有效性，从而促进其管理创新。

第二层次是发展效率标准。从长期来看，合作社必须考虑可持续经营问题。而其能否可持续发展，既取决于合作社内部治理机制，也离不开良好的外部支持环境。具体而言，发展效率标准是在合作社实现其投入产出效率目标的基础上，通过技术、管理等方面的创新适应行业发展等外部环境变化的需要。

第三层次是帕累托效率标准。合作社在追求内部效率的同时，可通过内部治理优化配置其控制的各类要素，促进资源在社会各部门间的充分合理流动，从而更多更好地创造经济、社会、生态、文化等多方面价值，充分实现合作社的社会功能，提高社会总福利水平，也即合作社发展的最高层次的效率目标。（扶玉枝，2012）

烟农专业合作社经过近 10 年的发展，合作社内部效率得到了大大的提升，甚至有些合作社发展出现了公司治理模式，需要探索转型发展的问题，但是大多数合作社还在寻求内部效率提升问题，需要明确的是，合作社发展追求的最高发展效率目标是帕累托最优，也可以理解为全面效率，即内部效率目标与外部效率目标共同实现。

10.1.2 合作社的发展目标问题

合作社的发展效率不仅具有层次性，其发展目标也具有阶段性，在不同的发展阶段，其发展目标具有差别。因此，可以从短期发展目标和长期发展目标来分析合作社的发展目标问题。

1. 合作社的短期目标定位：静态效率最优

在现阶段，烟农专业合作社的发展需要在适度规模、内部治理、外部环境等几个方面进行实践。①规模适度。合作社作为一个经济组织，本身存在一个适宜规模的问题，且这种适宜规模被要求随着社会经济活动规模的扩大而相应扩大，才能实现较高的效率（何秀荣，2009）。②内部治理。在烟农专业合作社内部治理过程中，需要建立健全各种运行机制，特别是决策机制、激励机制、利益分配机制，良好的运行机制是合作社发展目标及其效率的保证。③外部环境。合作社的发展面临制度环境、资源环境和市场环境等众多外部环境，任何组织的发展都得益于良好的外部环境，因此合作社要尽量营造良好的发展环境。

2. 合作社的长期目标定位：动态效率最优

由于合作社的内外部环境随着时空的变迁而发生改变，合作社在长期，追求的是动态效率最优。

从动态的角度来看，合作社内部治理要素之间的信息流交流到合作社外部，成为外部要素动态调整的重要诱因。同样，合作社外部要素的信息流作用于内部治理要素，使合作社内部治理要素的功能和作用得到有效发挥，促进合作社资源优化配置，以促使合作社实现动态效率最优。

总之，合作社的投入产出效率实现最优是分阶段的动态发展过程。合作社只有在短期实现静态效率最优的前提下，去追求长期的动态效率最优。一个能够实现静态和动态效率目标的合作社必须依赖于内部机制与外部机制的协调配合运行（扶玉枝，2012）。

10.1.3 合作社发展方向问题

合作社发展的未来是什么？笔者认为合作社要发展必须进行制度创新，转变经营方式，建立新型的烟农专业合作社。通过近10年的合作社建设实践，借鉴国外合作社发展经验，把握合作社发展的方向。

（1）实行生产组织管理市场化运作。目前国内烟农合作组织管理水平较低，组织活动尚未完全规范，未能有效地起到引导、组织与服务烟农的基础作用，或者完全依赖于烟草和政府扶持，组织积极主动性差，服务面较窄。在此情况下，一旦烟叶产业实施市场化运作，既有的合作社缺乏市场竞争力和生命力。因此，烟农合作组织应该采用市场化的经营管理运作模式，各烟区应根据现代烟草农业建设的要求，积极引导烟农成立烟叶生产合作组织（协会、合作社、服务社等），以服务指导为途径，多渠道筹措运营经费，逐步摆脱对烟草公司的经费依赖，才能真正代表烟农发挥作用。

（2）建立和完善合作组织内部管理体制。国内的烟农合作社内部管理存在较多的规范性问题，尤其是财务管理问题比较突出，缺乏发展稳定性。对合作社应当采取什么模式管理，国际上也一直存在争议，很多学者指出合作社本质上仍是市场营利组织，在此方面与公司制企业并无二致。特别是在国内传统价值观与合作社价值观不一致的情况下，更应当参照公司制企业内部管理模式，规范烟农专业合作社建设。

（3）实现合作社功能的多元化。烟农专业合作社理所当然为烟农提供生产服务，是烟草农业的服务主体，但作为一个经济组织，其发展又不能局限于生产服务，可以是服务主体和生产主体的综合，也可以开拓农产品市场。

10.1.4　需要正确处理的关系问题

烟农专业合作社在推进适度规模种植、健全专业服务体系、提高烟叶质量和生产水平、促进烟农增收和烟区经济社会发展等方面均具有独特的作用和优势。从烟叶生产实际出发，促进烟农专业合作社持续健康发展，应正确把握和处理好以下几个关系。

1. 正确把握和处理好烟农专业合作社与其他烟叶生产组织形式的关系

烟农专业合作社是发展现代烟草农业的一种有效组织形式，但绝不是唯一的组织形式。发展烟农专业合作社必须以坚持家庭承包经营为基础，不能违背和超越农村基本经营制度。当前和未来时期，烟农专业合作社和传统烟农、专业户、家庭农场等烟叶生产组织形式都会长期并存。因此，要按照"分类指导、因地制宜"的原则，探索形成与当地生产力水平和管理水平相适应的生产组织形式，在鼓励、支持、推动烟农专业合作社发展的同时，也不能忽视其他烟叶生产组织形式的发展。此外，必须明确的是：传统烟农、专业户和家庭农场是烟叶生产经营的主体，而烟农专业合作社是以烟农为主体的自愿联合组织。各地在发展烟农专业合作社过程中，一定要结合客观实际，尊重烟农意愿，不能强行推动。同时，要注重处理好烟农专业合作社成员之间的关系，一方面既要切实防止核心成员利用合作社套取行业政策资金和侵占公共收益，另一方面也要积极引导和化解普通成员"搭便车"和"傍能人"的行为及心理。

2. 正确把握和处理好烟草部门与烟农专业合作社的关系

在国家烟草专卖体制下，烟草部门既承担政府职能，也承担企业职能；既要做好公共服务和管理监督工作，也要做好垄断经营和生产组织工作。根据法定职权，无论是对烟农专业合作社还是其他烟叶生产组织，无论是对烟农专业合作社的成员还是非成员，烟草部门都应提供普遍均等的服务和开展公平公正的交易。烟农自愿联合组织专业合作社，烟草部门应切实提供引导、扶持和服务，但不能干预、包办和代替，尤其是不能成为合作社成员，烟草员工也不宜成为合作社的内部管理人员。由于烟农专业合作社是烟草部门和烟农之间的桥梁，烟草部门可以把部分专业服务、生产组织、物资供应、技术培训等业务性职能委托或外包给烟农专业合作社，可以把烟草补贴形成的可经营性资产的占有权、经营权、使用权和烟田基础设施的管护权交给烟农专业合作社，但要制定严格的标准和程序，确保规范运作。此外，要注意处理好烟农专业合作社与村委会的关系，坚决避免"村社合一"，更不宜把发展烟农专业合作社作为壮大村级集体经济的途径和方式。

3. 正确把握和处理好发展烟叶生产与多种经营的关系

毫无疑问，烟农专业合作社和其他大农业专业合作社一样，都要遵行国家政策指导和法律规定。然而，烟叶管理体制和政策的特殊性，决定了烟农专业合作社有着自身的特殊性。烟叶管理体制和政策的特殊性主要表现在：第一，种植实行国家计划管理；第二，价格由国家统一制定；第三，收购实行合同制并由国家垄断经营。基于这些特殊性，烟农专业合作社的作用空间、范围和形式与大农业专业合作社必然有所不同：前者以稳定生产规模和提高生产效率为主要取向，后者以提高市场地位和规避市场风险为主要取向；前者主要通过节约生产成本和提高质量效率来获得增量收益，后者主要通过提高产品价格和扩大市场交易来获得增量收益；前者侧重对内的资源整合和作业协同，后者侧重对外的市场拓展和交易谈判。兼顾一般性和特殊性，发展烟农专业合作社必须正确把握烟叶生产和多种经营的关系，尤其是要正确把握《农民专业合作社法》关于农民专业合作社是"同类农产品的生产经营者"的互助性经济组织的本质规定。当前，切实加强可经营性资产的综合利用是必要和必然的，但对于烟农专业合作社发展非烟产业，如何防范可能存在的市场风险、政策风险、法律风险，如何突破产品销路、营运资金和经营人才的瓶颈制约，是否应该做到单独核算、独立运作或者适度分离，这些都是需要进一步深入思考和研究的问题。

4. 正确把握和处理好快速发展与规范建设的关系

当前，烟农专业合作社数量不断增长，入社农户规模不断扩大，烟草行业要切实支持好、保护好、利用好这一发展势头。与此同时，要以国家法律法规和有关政策为准绳，十分注重烟农专业合作社的规范化建设，特别是在产权关系、治理结构、分配机制等方面，要进一步加强对烟农专业合作社建设的指导。为此，一是要坚持依法组建，依法登记，依法制定合作社章程和建立各项管理制度，依法建立社员代表大会、理事长（理事会）、监事长（监事会）等内部治理结构，切实提高制度化、规范化、科学化管理水平。二是要不断完善体制机制，特别是要进一步规范出资入股方式和明确产权关系，更加突出服务烟农和民主管理，更加注重对核心成员的激励约束和调动普通成员的积极性、主动性，确保广大烟农得到实实在在的利益。三是要积极开展烟农专业合作社示范社建设，结合烟叶产区实际，择优培育扶持一批决策民主、管理科学、运行高效、服务良好的烟农专业合作社，努力通过典型引路和示范带动，全面提高烟农专业合作社整体建设水平。

5. 正确把握和处理好当前发展与长远发展的关系

通过近年来的烟田基础设施建设，烟区生产条件大为改善。同时，由于有地方党委、政府的大力支持和烟草部门的积极推动，特别是有大批可免费使用的可经营性资产和烟草部门的倾斜性补贴，烟农专业合作社的组建和运行均较为顺利。但从长远来看，保持烟农专业合作社可持续发展既要有政府和烟草部门的有力支持，更要有烟农专业合作社自我发展机制的形成，同时还必须保持烟叶与其他作物的比较效益优势。为此，一是要切实克服烟农专业合作社的"等、靠、要"行为，推动烟农专业合作社不断提高管理水平和服务质量，有效降低管理和服务成本，努力增强内生发展动力和可持续发展能力。二是要根据社会经济发展状况特别是劳动力、烟用物资价格变动状况，适时调整烟叶价格政策，不断完善补贴机制，努力稳定和提高烟叶种植的比较效益。三是要进一步加强烟叶生产基础设施建设，构建基础设施管护利用长效机制，完善烟叶生产风险防范机制，努力提高烟区综合生产能力和抵御自然灾害的能力。

10.2　政　策　建　议

10.2.1　建立健全烟农专业合作社发展指导组织机构

烟农专业合作社由烟草行业主导建立，经过近 10 年的发展，合作社在经营规模、经营效益、组织运行、组织发展等方面得到了大的发展，当然合作社的发展也呈现出不少问题：①内部治理方面。首先突出表现为激励机制欠缺，合作社缺乏发展动力；其次为合作社财务制度混乱，缺乏有效的监督。②生产经营方面。首先表现为服务规模不大，专业化服务覆盖面不高，服务成本较高等问题。在多元化经营方面，表现为市场意识较弱。③环境支持方面。行业支持力度有待加强，实行有差别的扶持，地方政府需要加大扶持力度，从财政、税收、金融等方面给予支持。

目前省级公司对合作社的指导存在多头指导的状况，不利于合作社的发展，建议在省级公司层面成立全省烟农专业合作社发展指导办公室，由烟叶生产管理部门、财务部门、审计部门、基础建设办公室等相关部门组成，负责全省烟农专业合作社的建设和发展。办公室具体职能如下。

（1）拟定合作社建设发展的相关制度。建立规范制度体系，尤其是财务监督管理制度（①财务部门应与地方政府税务部门协调统一烟农合作社免税项目，确定烟草行业与合作社资金往来中烟叶生产投入补贴的认定标准；②烟叶管理部门应明确合作社社员身份的标准；③烟叶部门、财务部门应统一合作社经营成果的分配方案；④财务部门应根据农民专业合作社财务会计制度的规定，在全省统一合作社财务核算体系，建立账簿，明确核算科目）。

（2）协调合作社发展环境。烟农专业合作社发展涉及多方面、多领域、多部门，需要加强综合协调，合力推动。办公室可以联系政府农业主管部门，协调财政、税务、金融等部门，重点解决合作社金融支持和税收优惠。把有关部门对合作社用地、用水、用电、人员培训等方面的优惠政策落到实处。

（3）进行规范的监督。为了促进合作社的规范运行，除了指导建立健全合作社内部管理制度，规范合作社健康运行外，办公室还需要对合作社的运营情况进行监管，保证其健康发展。

（4）加大培训力度。建立合作社培训体系，加强合作社管理、技术、市场等知识的培训。

10.2.2　探索合作社的转型升级

以《农民专业合作社法》为依据，围绕"服务升级、烟农增收、规范经营"的发展目标，坚持"以烟为主、综合服务、多元经营"的发展方向，坚持"种植在户、服务在社"的生产组织形式、"一基一社、综合服务"的合作社建设模式、"片区管理、网格实施"的运行模式，加大宣传引导、培训指导、服务扶持和运行监督，全面提升合作社规范运行、队伍建设、专业服务、生产组织、经营管理、助农增收水平，持续增强合作社组织能力、服务能力和经营管理能力，推动烟农产业合作社转型升级。

1. 强化内生机制，增强发展能力

帮助合作社按照农民专业合作社法规定在换届期进行民主选举，支持吸纳管理水平高、经营能力强、在多元产业市场资源多的社会能人专职任合作社社长或执行经理，制定对合作社核心成员及带头人的激励政策；协助合作社制定内部考核、财务管理、盈余分配等各项制度，建立制度管人、管财、管事机制，积极运用目标管理、预算管理、绩效管理等现代管理方法，提高合作社经营管理水平，保障行业补贴形成的资产全体社员普惠共享，对合作社经营收入贡献大的成员加大激励。

2. 完善组织模式，提高经营效率

持续深化"种植在户、服务在队、管理在社"的生产组织模式，夯实合作社在专业化服务中的主体地位，严查合作社服务转包行为，持续优化"两头工场化、中间专业化"的专业化服务模式，在育苗、机耕、有机肥堆制、分级等覆盖率高的环节要着力优化服务模式，通过机械化、流程化、工序化，提高效率，降低成本。坚持合作社统一组织、专业化服务队片区作业，按环节组建专业化服务队；以连片烟田和集群设施为基础，按生产网格组建作业团队，实行片区服务、网格作业、连片实施。要优化作业流程，根据工序设置工位、配置人员，按照作业标准，在育苗、机耕、移栽、烘烤、分级环节实施工序化作业，通过工序的科学优化、工位的合理设置、机械的充分使用，形成高效协调的作业单元，提高作业效率。积极开展施肥起垄一体化、打井移栽一体化、采收烘烤一体化、烘烤分级一体化，做好团队组织，加强团队协作，提高服务效率，降低服务成本。

3. 强化监督管理，规范制度运行

在烟叶生产各关键环节，协助合作社理清发展目标、制订工作方案，优化服务流程、规范制度运行，加强在服务方式、服务定价、盈余分配、财务公开和专业化服务过程中的指导监督力度，对专业化服务的数量、质量进行验收核实，严防套用补贴等违规违纪行为发生。指导合作社向社员和社会公开财务费用等合作社法规定要求公示的业务。要按照合作社财务会计制度，设置会计账簿，规范会计核算，加强资产管理、成本管理、资金管理等，要按照法律要求和章程规定，开展盈余分配，落实普惠共享。合作社应委托有资质的财务审计单位，全面开展第三方审计，行业要组织财务人员对合作社财务管理逐一指导，确保财务规范。

4. 发挥平台作用，帮助烟农增收

依托合作社，从烟叶产前、产中、产后全过程入手，提升烟叶生产全程专业化服务水平，提高服务效率，实现减工降本促增收；构建合作社与烟农的利益联结机制，吸引烟农剩余劳动力参与专业化服务，增加烟农务工收入促增收；提升合作社经营管理水平，增强盈利能力，增加烟农分红收入促增收；指导合作社和烟农用好用活育苗工场、烘烤工场和农机具等行业设施和冬闲烟田，发展特色农产品生产或畜牧养殖，构建以烟为主的复合型、规模化的多元产业体系促增收。

参 考 文 献

鲍威尔 W W. 2008. 组织分析的新制度主义. 姚伟译. 上海：上海人民出版社：124-127.

庇古 A C. 2006. 福利经济学. 朱泱，张胜纪，吴良健译. 北京：商务印书馆：63-68.

陈红儿，丁轩，丁栋红，等. 2004. 企业扩张方式战略选择研究. 管理世界，（2）：143-144.

戴成宗，何轶，杨双剑，等. 2012. 烟农专业合作社发展探析. 中国烟草学报，（2）：82-87.

杜兴华，付源. 2012. 烟农专业合作社建设中存在的主要问题及对策. 陕西农业科学,（5）:169-171.

樊纲. 1995. 市场机制与经济效率. 上海：上海三联书店.

樊纲，张曙光，杨仲伟，等. 1990. 公有制宏观经济理论大纲. 上海：上海三联书店，上海人民
     出版社.

樊纲，张曙光，杨仲伟，等. 1994. 公有制宏观经济理论大纲. 上海：上海三联书店，上海人民
     出版社.

樊英，李明贤，姚雪梅. 2014. "分户经营＋专业化服务"型烟农合作社服务能力指标体系的构
     建. 农林经济管理学报，13（2）：129-136.

扶玉枝. 2012. 农业合作社效率研究——基于目标函数的静态与动态分析. 杭州：浙江大学博士
     学位论文.

郭晶晶. 2015. 烟农专业合作社经济绩效评价研究——以贵州毕节为例. 郑州：河南农业大学硕
     士学位论文.

郭亚利，高贵，刘森，等. 2013. 烟农合作社适宜规模研究. 现代农业科技，（3）：330-332.

国鲁来. 2005. 合作社的经营规模与组织效率. 农村经营管理，（9）：11-13.

韩国明，周建鹏. 2008. 交易费用视角下农民专业合作社的作用分析. 农村经济，（12）：112-115.

何伟，鲁国超. 2010. 农村专业合作经济组织意义探析——以保山烟草烟农专业合作社为例. 云
     南财经大学学报（社会科学版），（4）：90-95.

何秀荣. 2009. 公司农场：中国农业微观组织的未来选择？. 中国农村经济，（11）：4-16.

胡卓红. 2009. 浅谈国外政府对合作社的支持. 中外合作经济，6：53-55.

黄胜忠，林坚，徐旭初. 2008. 农民专业合作社治理机制及其绩效实证分析. 中国农村经济，（3）：
     65-73.

黄祖辉，徐旭初，冯冠胜. 2002. 农民专业合作组织发展的影响因素分析——对浙江省农民专业
     合作组织发展现状的探讨. 中国农村经济，（3）：13-21.

黄祖辉，高钰玲，邓启明. 2012. 农民专业合作社民主管理与外部介入的均衡——成员利益至上.
     福建论坛（人文社会科学版），（2）：44-48.

姜成康. 2012. 姜成康出席全国烟农专业合作社建设座谈会并讲话. http://www.gov.cn/gzdt/
     2012-06/28/content_2172318.htm[2015-06-15].

康芒斯 J R. 2013. 制度经济学. 赵睿译. 北京：华夏出版社：128-130.

雷天义. 2012. 烟农专业合作社发展存在的问题及对策. 现代农业科技，（2）：377-378.

李建华，于莹莹，张嫄嫄，等. 2016. 精益生产视角下烟农合作社的治理优化探析. 农业经济

展望，（10）：31-34.

李秀燕. 2012. 山东省烟农专业合作社运作机制研究. 泰安：山东农业大学硕士学位论文.

厉以宁. 1999. 经济学的伦理问题. 北京：生活·读书·新知三联书店：29-31.

梁怡. 2009. 关于农业合作社本质的经济学解释. 经济研究导刊，（3）：51-52.

刘广安. 2007. 发展农民专业合作社促进社会主义新农村建设. 河南农业，（4）：7-8.

刘婧，王征兵，倪细云. 2011. 农民专业合作社规模经济与适宜社员规模研究——以山西省为例. 财贸研究，（6）：27-31.

刘婷. 2009. 农民专业合作社与区域环境相互作用研究. 郑州：河南农业大学博士学位论文.

刘文丽，邓芳. 2012. 农民专业合作社的风险甄别与管控：一个文献综述. 改革，（10）：142-147.

刘文丽，丁快快，曾尚梅，等. 2016. 基于 DEA 模型的烟农专业合作社经营效率研究——以湖南省为例. 中南林业科技大学学报，（9）：127-132.

罗井清. 2012. 湖南省烟农专业合作社发展模式选择研究. 长沙：中南大学硕士学位论文.

马克思，恩格斯. 1979. 马克思恩格斯全集. 北京：人民出版社.

平狄克 R S，鲁宾费尔德 D L. 1997. 微观经济学. 4 版. 张军，罗汉，尹翔硕译. 北京：中国人民大学出版社.

钱德勒 A D. 2002. 战略与结构：美国工商企业成长的若干篇章. 北京天则经济研究所，北京江南天慧经济研究有限公司，选译. 昆明：云南人民出版社：23-30.

萨缪尔森 P A，诺德豪斯 W D. 1992. 经济学. 高鸿业，等译. 北京：中国发展出版社.

石敏俊，金少胜. 2004. 中国农民需要合作组织吗？——沿海地区农户参加农民合作组织意向研究. 浙江大学学报（人文社会科学版），34（3）：35-44.

斯密 A. 1974. 国民财富的性质和原因研究（上册）. 王大力，王亚南译. 北京：商务印书馆：53-56.

涂圣伟，李歆. 2007. 农村合作经济组织与有效提供社区公共物品的关联. 改革，（7）：109-115.

王丰. 2009. 美国现代烟草农业及启示. 北京：中国农业出版社.

王丰. 2011. 农民合作社的创新模式与实证研究——以贵州烟草农业为例. 北京：中国农业出版社：56-157.

王宗军，崔渭. 2007. 企业扩张战略研究综述. 当代经济，（5）：62-63.

仵希亮. 2016. 欧洲合作社的特点及对我国合作社发展的启示. 中国农民合作社，（10）：64-65.

夏清华，刘海虹. 2002. 扩张与企业增长. 数量经济技术经济研究，（10）：23-26.

肖春生，肖汉乾. 2013. 湖南烟农专业合作社的建设现状及发展趋势. 中国烟草学报，（2）：53-59.

萧洪恩，王娟，李伟林，等. 2011. 烟草理性与政府责任桥接——基于利川基地单元现代烟草农业生产合作社实践的思考. 湖北社会科学，（3）：58-61.

熊万胜. 2009. 合作社：作为制度化进程的意外后果. 社会学研究，（5）：83-109.

徐旭初. 2005. 中国农民专业合作经济组织的制度分析. 北京：经济科学出版社：39-42.

徐旭初. 2008. 新形势下我国农民专业合作社的制度安排. 农村经营管理，（11）：13-16.

杨金荣，康瑾娟. 2008. 商业银行效率判断的三层次标准及现实选择. 金融研究，（4）：85-93.

杨先杰. 2013. 湖南省烟农专业合作社发展情况的调研与思考（上）. 湖南农业科学，（14）：6-10.

姚传江，肖静. 2004. 企业兼并与边界重构：一个基于现代企业理论的分析框架. 财贸研究，（1）：

46-51.

姚慧丽, 张丽. 2007. 企业扩张方式演化及其发展趋势. 华东经济管理, （3）: 103-106.

伊特韦尔 J, 米尔盖特 M, 纽曼 P. 1992. 新帕尔格雷夫经济学大辞典. 北京: 经济科学出版社: 95.

应瑞瑶. 2006. 农民专业合作社的成长路径——以江苏省泰兴市七贤家禽产销合作社为例. 中国农村经济, （6）: 18-23.

云南省烟草科学研究所. 2007. 津巴布韦烟叶生产. 北京: 科学出版社.

张淑惠, 文雷. 2014. 新型农民专业合作社的效率来源分析——以治理理论为视角. 当代世界与社会主义, （5）: 150-155.

张五常. 2000. 经济解释——张五常经济论文选. 北京: 商务印书馆.

钟术龄, 郑少锋. 2014. 烟农合作社问题的新制度经济学理论解析. 中国烟草学报, 20（2）: 94-98.

Akerlof G A. 1970. The market for lemons: quality uncertainty and the market mechanism. The Quarterly Journal of Economics, 84: 488-500.

Alchian A A, Demseta H. 1972. Production, information costs, and economic organization. American Economic Review, （62）: 777-795.

Arrow K J. 1963. Social Choice and Individual Values. 2 nd ed. New York: Wiley.

Belcher A. 1997. The boundaries of firm: the theories of Coase, Knight and Weitzman. Legal Studies: The Journal of the Society of Public Teachers of Law, 17（1）: 22.

Berle A, Means G. 1932. The Modern Corporation and Private Property. New York: Macmillan.

Child J. 1972. Organizational structure, environment and performance: the role of strategic choice. Sociology, 6（1）: 1-22.

Coase R H. 1937. The nature of the firm. Economica, 4（16）: 386-405.

Coase R H. 1960. The problem of social cost. Journal of Law and Economics, 3: 1-44.

Condon A M. 1987. The methodology and requirements of a theory of modem cooperative enterprise//Royer J. Cooperative Theory: New Approaches. ACS Service Report No.18. Washington D C: USDA: 1-31.

Cook M L, Chaddad F R, Iliopoulos C. 2004. Advances in cooperative theory since 1990: a review of agricultural economics literature//Hendrikse G W J. Restructuring Agricultural Cooperatives. Rotterdam: Erasmus University Press: 65-89.

Cyert R M, March J G. 1963. A Behavioral Theory of the Firm. Englewood Cliffs: Prentice-Hall.

DiMaggio P, Powell W. 1983. The iron cage revisited: institutional isomorphism and collectives rationality in organizational fields. American Sociological Review, 48（2）: 147-160.

Donaldson L. 1988. In successful defence of organization theory: a routing of the critics. Organization Studies, 9（1）: 28-32.

Egerstrom L. 2004. Obstacles to cooperation//Merrett C D, Walzer N. Cooperatives and Local Development: Theory and Applications for the 21st Century. Armonk, New York, London: M. E. Sharpe: 70-91.

Eisenhardt K M. 1989. Building theories from case study research. Academy of Management Review, 14（4）: 523-550.

Freeman R E. 1984. Strategic Management: A Stakeholder Approach. Marshfield: Pitman Publishing Inc.

Gerichhausen M，Berkhout E D，Hamers H J M，et al. 2008. A game theoretic approach to analyse cooperation between rural house-holds in Northern Nigeria. Discussion Paper，Center for Economic Research，Tilburg University.

Greenwood R，Hinings C R. 1996. Understanding radical organizational change: bringing together the old and the new institutionalism. Academy of Management Review，21（4）：1022-1054.

Hakelius K. 1996. Cooperative Values: Farmers' Cooperatives in the Minds of the Farmers. PhD Dissertation，Uppsala: Swedish University of Agricultural Sciences.

Hannan M T，Freeman J H. 1984. Structural inertia and organizational change. American Sociological Review，49（2）：149-164.

Jensen M C，Meckling W H. 1976. Theory of the firm: managerial behavior，agency costs and ownership structure. Journal of Financial Economics，3（4）：305-360.

Jones R E. 1995. Stakeholder mismatching: a theoretical problem in empirical research on corporate social performance. International Journal of Organizational Analysis，7（3）：229-267.

Kalirajan K R，Shand R T. 1999. Frontier production functions and technical efficiency measures. Journal of Economic Surveys，13（2）：149-172.

Kumbhakar S C，Lovell C A K. 2000. Stochastic Frontier Analysis. London: Cambridge University Press: 215-232.

Lewin A Y，Volberda H W. 1999. Prolegomena on coevolution: a framework for research on strategy and new organizational forms. Organization Science，10（5）：519-534.

Mallin C A. 2004. Corporate Governance. Oxford: Oxford University Press: 14-15.

Marshall A. 1920. Principles of Economic. London: Macmillan: 17-25.

Miles R E，Snow C C. 1994. Fit，Failure，& the Hall of Fame: How Companies Succeed or Fail. New York: The Free Press.

Milgrom P，Roberts J. 1992. Economics，Organization and Management. Englewood Cliffs: Prentice Hall: 55-71.

Miller D. 1990. The Icarus Paradox: How Exceptional Companies Bring About Their Own Downfall. New York: Harper-Collins.

Miller D，Chen M J. 1994. Sources and consequences of competitive inertia: a study of the U.S. airline industry. Administrative Science Quarterly，39（1）：1-23.

Pareto V. 1906. Manuale di Economica Polittica. Milan: Societa Editrice Libraia. Translated into English by Shwier A S. 1971. Manual of Political Economy. New York: Macmillan.

Pestoff V A. 1998. Beyond the Market and State: Social Enterprises and Civil Democracy in A Welfare Society. Aldershot: Ashgate.

Petersen M A，Rajan R G. 1995. The effect of credit market competition on lending relationships. Quarterly Journal of Economics，1（2）：407-443.

Pfeffer J，Salancik G R. 1978. The External Control of Organizations: A Resource Dependence Perspective. New York: Harper & Row.

Prakash D. 2000. Development of agricultural cooperatives-relevance of Japanese experiences to developing countries. Paper presented at the 14th ICA-Japan International Training Course on "Strengthening Management of Agricultural Cooperatives in Asia"，IDACA-Japan: 214-217.

Rawson R A. 2001. Data Envelopment analysis of technical efficiency in the UK insurance industry. Nottingham: Nottingham University Thesis Series: 96-108.

Romanelli E. 1991. The evolution of new organizational forms. Annual Review of Sociology, 17: 79-103.

Schroeder T C. 1992. Economies of scale and scope for agricultural supply and marketing cooperatives. Reviews of Agricultural Economics, 14 (1): 95-103.

Sexton R J. 1995. A perspective on Helmberger and Hoos' theory of cooperatives. Journal of Cooperation, 10: 92-99.

Staatz J M. 1987. A game theoretic analysis of decision-making in farmer cooperatives//Royer J. Cooperative Theory: New Approaches. ACS Service Report No.18, Washington D C: USDA: 117-147.

Tan J, Peng M W. 2003. Organizational slack and firm performance during economic transitions: two studies from an emerging economy. Strategic Management Journal, 24: 1249-1263.

Tushman M L, Anderson P. 1986. Technological discontinuities and organizational environments. Administrative Science Quarterly, 31 (3): 439-465.

Tushman M L, O'Reilly C A. 1996. The ambidextrous organizations: managing evolutionary and revolutionary change. California Management Review, 38 (4): 8-30.

Whitesell R S. 1994. Industrial growth and efficiency in the United States and the Former Soviet Union. Comparative Economic Studies, 36 (4): 47-77.

Williamson O E. 1975. Markets and Hierarchies: Analysis and Antitrust Implications. New York: The Free Press: 63-71.

Williamson O E. 1981. The modem corporation, origins, evolution, attributes. University of Pennsylvania, Center for the Study of Organizational Innovation.

Williamson O E. 1985. The Economic Institutions of Capitalism. New York: The Free Press: 77-97.

附　录

综合服务型烟农专业合作社建设指南
中烟叶生〔2012〕137 号

第一章　总　则

第一条　为支持、引导综合服务型烟农专业合作社（以下简称烟农专业合作社）发展，规范烟农专业合作社的组织和行为，保护烟农专业合作社及其成员的合法权益，推动烟叶生产专业化服务，提高烟叶生产组织化程度，加快推进现代烟草农业建设，依据《中华人民共和国农民专业合作社法》（以下简称《农民专业合作社法》）、《国家烟草专卖局关于推进综合服务型烟农专业合作社发展的指导意见》和有关法律法规，特制订本建设指南。

第二条　烟农专业合作社是指在农村家庭承包经营基础上，由烟叶生产专业化服务的提供者、使用者组成，提供烟叶生产多环节专业化服务的农民专业合作社。本指南主要用于指导烟农专业合作社的组建、运行、监督和管理。

第三条　烟农专业合作社应按照"服务社员、民主管理"的要求，坚持以家庭经营为基础，以服务社员为宗旨，以烟农增收为目标，以自愿民主为核心，依法组建，规范运行。

第二章　设立和登记

第四条　设立烟农专业合作社，应当具备下列条件：

（一）有符合《农民专业合作社法》规定的章程；

（二）有符合《农民专业合作社法》规定的组织机构；

（三）有符合法律、行政法规规定的名称和章程确定的住所；

（四）有符合章程规定的出资，但不允许社会资本入股；

（五）以烟农自我服务为特征，并接受烟草行业的指导。

第五条　设立烟农专业合作社应按以下程序进行：

（一）召开设立大会。由烟农专业合作社全体设立人召开设立大会。设立人可以是烟农，也可以是提供烟叶生产专业化服务的组织或个人，设立人至少5名以上。

（二）通过章程。由全体设立人一致通过烟农专业合作社章程。章程应包括下列事项：

1. 名称和住所；

2. 业务范围；

3. 成员资格及入社、退社和除名；

4. 成员的权利和义务；

5. 组织机构及其产生办法、职权、任期、议事规则；

6. 成员的出资方式、出资额；

7. 财务管理和盈余分配、亏损处理；

8. 章程修改程序；

9. 解散事由和清算办法；

10. 公告事项及发布方式；

11. 需要规定的其他事项。

（三）吸收成员。按照"宣传发动—自愿申请—资格审查—登记造册"的程序吸纳成员，成员资格应符合本指南第六条规定。

（四）注册登记。设立烟农专业合作社，应当向当地工商行政管理部门申请设立登记，获得工商营业执照、组织机构代码证、税务登记证，并开设银行账户。申请设立登记需提交下列文件：

1. 登记申请书；

2. 全体设立人签名、盖章的设立大会纪要；

3. 全体设立人签名、盖章的章程；

4. 法律、法规规定的其他资料。

第三章　成员的权利和义务

第六条　具有民事行为能力的公民，从事烟叶生产经营服务的提供者、使用者，承认并遵守烟农专业合作社章程，履行章程规定的入社手续的，可成为烟农专业合作社成员。

烟农专业合作社成员中，烟农成员数至少应当占合作社成员总数的80%。

第七条　烟农专业合作社成员享有下列权利

（一）参加成员大会，享有表决权、选举权和被选举权，实行一人一票制，按照章程规定，实行民主管理；

（二）按照章程规定或者成员大会决议分享盈余；

（三）查阅本社的章程、成员名册、成员大会或者成员代表大会记录、理事会会议决议、监事会会议决议、财务会计报告和会计账簿等；

（四）按照当年烟叶种植面积，享有烟草行业补贴形成的资产受益权。

（五）优先参与和利用本社提供的专业化服务。

（六）章程规定的其他权利。

第八条　烟农专业合作社成员承担下列义务

（一）执行成员大会、成员代表大会和理事会的决议；

（二）按照章程规定向本社出资；

（三）按照章程规定与本社进行交易；

（四）按照章程规定承担亏损；

（五）保障基本烟田按统一规划的要求用于种烟；

（六）保证烟草补贴形成资产的安全性和完整性，保证烟叶生产基础设施长效使用。

（七）章程规定的其他义务。

第九条　烟农专业合作社成员要求退社的，应按照《农民专业合作社法》相关规定在章程中予以明确，并严格执行。

第四章　组织机构

第十条　原则上每个烟叶基地单元成立1—2家烟农专业合作社，合作社应设立成员（代表）大会、理事会、监事会，"三会"职权需在章程中清晰明确。烟农专业合作社成员超过150人的，可按照章程规定设立成员代表大会，行使成员大会的部分或全部职权。

第十一条　理事长、理事、监事长（执行监事）、监事由成员（代表）大会民主选举产生，依照章程的规定行使相应职权，负责合作社决策和监督。理事长、理事、经理和财务会计人员不得兼任监事，卸任理事须待卸任两年后方可当选监事，监事长可列席理事会会议。

第十二条　本着精简、高效的原则，合理设置烟农专业合作社的日常运营机构。由成员（代表）大会或成员（代表）大会决定由理事会决定聘任经理，按章程规定和理事会或理事长授权，负责本社生产经营的服务活动。理事长、理事可兼任经理，也可考虑烟农辅导员、社会能人、大学生村官等担任经理。

第十三条　烟农专业合作社应合理配置财务会计人员、专业化服务队长及其他管理人员。烟农专业合作社下设专业服务队，队长可在专业队成员中选举产生，也可由经理聘任，负责专业队的组织和具体服务的实施。

遵循"社统队分、分队核算"的原则，正确处理好合作社和服务队的关系。专业化服务队作为合作社的下属管理组织，主要从事烟叶生产各环节服务的具体操作实施与考核。合作社对各专业化服务队进行统一管理，统一调配，统一结算，制订各环节专业化服务的定价机制、作业标准、考核办法、收取服务费用等。

第十四条　理事会、监事会成员原则上不领取固定报酬，但在从事合作社决策、监督职能时，予以误工补贴，补贴范围和标准应由合作社章程规定或成员（代表）大会决定；经理薪酬的支付方式和标准由成员（代表）大会决定，原则上薪酬水平与业绩挂钩，与当地收入水平基本持平；财务会计人员、专业队队长及其他管理人员报酬由成员（代表）大会决定或经成员（代表）大会同意由理事会决定是否支付，并决定报酬支付标准。

第十五条　烟农专业合作社可按照相关程序聘用烟草部门员工为合作社管理人员，但不担任合作社理事长，也不能同时担任理事和监事，原则上不在合作社领取报酬。

第五章　资产管理

第十六条　烟草行业补贴形成的密集烤房、农机具、育苗大棚等经营性资产，烟农专业合作社享有使用权和收益权，但烟草行业拥有资产的运营监督权和最终处置权。

烟草行业补贴形成的资产应根据当年烟叶种植面积动态量化到相关成员，并按相关规定参与盈余分配。

烟农专业合作社应保持烟草行业补贴形成资产的安全性和完整性，成员退社时不能带走；合作社解散、破产清算时，该资产不得作为可分配剩余资产分配给成员。

第十七条　由烟农专业合作社出资购置的设施设备，合作社享有所有、使用、收益和处置的权利。烟农专业合作社解散、破产清算时，可作为合作社资产清偿合作社债务，清偿后的剩余部分可分配给成员。

第十八条　所有权归烟农专业合作社成员的资产，由产权所有者与合作社签订设施设备使用和管护协议，合作社统一管理，统一调配，统一使用，应给予相应的报酬或将其量化为成员出资参与盈余分配，成员退社或烟农专业合作社解散、破产清算时由其所有者带走。

第六章　业务管理

第十九条　烟农专业合作社主要提供烟叶生产专业化服务、基础设施管护、适用技术推广、烟用物资配送、生产信息支撑等业务服务。

第二十条　烟农专业合作社应优先在合作社成员中选择业务人员并根据成员的劳力差别、专业技能等进行合理分工。如社内业务人员不足的，可向社外聘请有相应技能人员。烟农专业合作社要加强对业务人员的技能培训，培训合格后上岗，建立一批相对固定的、具备一定技能的专业服务队伍。

第二十一条　烟农专业合作社应坚持普惠制、广受益的原则，综合考虑物资成本、人工成本、管理成本、育苗和烘烤工场的土地租赁成本、设施管护费用等因素，在烟草部门的指导和监督下，测算服务成本，保持适当收益，并由成员（代表）大会讨论通过，公示后执行。

根据服务对象不同，服务价格可分为内部服务价格和外部服务价格，内部服务价格要高于成本价，原则上不超过成本价10%；外部服务价格要参照市场价。烟农专业合作社成员服务按内部服务价格执行，非本社成员服务按外部服务价格执行。应优先向本社成员提供专业化服务，在满足本社成员专业化服务需求的前提下，可向非本社成员提供专业化服务。

第二十二条 烟叶生产专业化服务应按照"签订服务协议—服务准备—开展服务—验收确认—服务结算"作业流程执行。

（一）签订服务协议：烟农专业合作社应与服务对象签订服务协议，明确服务地点、服务时间、服务方式、服务质量、收费标准、费用结算方式、不合格品处理、违约责任等内容。签订时间应依据具体生产环节与要求确定。

（二）服务准备：烟农专业合作社落实服务成员，开展培训，组建专业服务队，准备服务所需物资、器械，检修设备等。

（三）开展服务：烟农专业合作社根据所签订的服务协议、作业程序、质量标准组织开展专业化服务，并接受服务对象、相关职能部门的指导与监督。

（四）验收确认：服务结束后，烟农专业合作社及其服务人员、服务对象按服务协议共同对服务结果进行验收确认。

（五）服务结算：服务对象依据服务协议、确认的服务结果向烟农专业合作社支付服务费用；合作社向服务人员支付服务报酬，核销相关作业费用。

第二十三条 基础设施管护服务应按照"谁受益、谁管护"的原则，明确设施设备管护责任主体，多渠道筹集管护资金，落实管护办法。

（一）设施设备管理。烟农专业合作社的固定资产应分类编号，登记造册，建立档案，加强设施设备管理，保障设施长效利用。

（二）资金来源。日常维护的小额资金可以纳入专业化服务成本，建立和完善管护资金管理办法，实行专账管理，专款使用。管护资金可通过合作社总体盈余中提取公积金、争取政府支持、行业补贴等渠道来解决。

（三）管护人员。烟农专业合作社是设施设备的使用者和受益者，要建立专人管护机制，落实具体管理人员。小型的管护，如农机具的小范围维修、零部件更换等，应以专业队为主；中型的管护，如育苗工场、烘烤工场的检修维护，应以合作社为主；大型的设施设备更新、维修、管护等，应需行业给予相应扶持。

第二十四条 适用技术推广服务应按照统一的作业流程、统一作业标准、统一操作工序的要求，开展烟叶生产各环节实用技术的指导、培训和交流等业务。

第二十五条 烟用物资配送服务应逐步实现由合作社统一组织供应社员所需的集中配送育苗、移栽、植保、烘烤等环节的烟用物资。

第二十六条 生产信息支撑服务应逐步建立和完善合作社信息管理平台，开展相关信息咨询和发布等业务。

第二十七条 烟农专业合作社应建立绩效考核机制，制定管理人员、专业服务队和服务人员的绩效考核办法和奖惩规定，依据服务数量和服务质量进行检查考核、兑现奖惩并保留检查考核记录。

第七章 财 务 管 理

第二十八条 烟农专业合作社应实行独立的会计核算，完善财务制度，健全会计账簿，规范会计记录，定期向成员公布财务状况。烟农专业合作社可以委托农经站、烟草站代管或聘请专（兼）职财务人员管理，财务人员必须具备专业资格，接受地方主管部门和行业指导与培训。

第二十九条　烟农专业合作社可按照章程规定或者成员（代表）大会决议从当年盈余中提取公积金。公积金提取比例不超过盈余的20%。公积金用于弥补亏损、设施设备的维护、扩大生产经营、风险保障或者转为成员出资。

第三十条　烟农专业合作社原则上不提取公益金，确需提取的必须经成员（代表）大会通过并明确提取的比例、用途及管理办法。公益金余留部分量化到成员，成员退社时可带走。

第三十一条　烟农专业合作社应为每个成员设立成员账户，主要记载下列内容：

（一）该成员的出资额；

（二）该成员的基本烟田面积和当年烟叶种植面积；

（三）量化为该成员的公积金、公益金份额；

（四）该成员与本社的交易量（额）；

（五）量化为该成员的烟草行业补贴份额。

第三十二条　烟农专业合作社允许成员出资，出资额由烟农专业合作社章程规定。

全体成员均需等额出资，作为本烟农专业合作社成员的资格证明之一，但不参与盈余分配，成员退社时带走。

烟农专业合作社成员自愿以土地使用权、实物、现金出资，用于配置合作社设施设备或支付生产经营成本。烟农专业合作社成员的现金出资不得参与育苗工场和烘烤工场建设。烟农专业合作社成员出资作为所有者权益和盈余分配的依据。

第三十三条　在弥补亏损、提取公积金后的当年盈余，为烟农专业合作社的可分配盈余。

可分配盈余按照下列顺序进行分配，具体分配办法按照章程规定或者经成员（代表）大会决议确定：

（一）专业化服务所产生的可分配盈余，按成员与本烟农专业合作社的交易量（额）比例返还，返还总额不得低于可分配盈余的60%。交易量可按合作社成员的接受专业化服务量、烟叶种植面积、烟叶交售数量或劳动量测算。其他经营或服务产生的可分配盈余，在考虑行业补贴资产量化的基础上，可根据社员出资额、社员在其他经营或服务中的交易额进行分配。

（二）按前项规定返还后的剩余部分，以成员账户中记载的出资额和公积金、公益金份额，以及本烟农专业合作社接受国家财政直接补助和他人捐赠形成的财产平均量化到成员的份额、接受烟草行业补贴形成的资产比例量化到成员的份额，按比例分配给本社成员。

第三十四条　由监事会或执行监事对本社的财务进行内部审计，审计结果应向成员大会报告或者公示。成员大会也可委托审计机构、烟草部门对本社的财务进行审计。

第八章　多 种 经 营

第三十五条　烟农专业合作社首先要坚持以烟为主的原则，尊重成员意愿，保障成员利益，充分利用好基本烟田和基础设施发展多种经营。保证基本烟田合理利用，保障烟田轮作制度的落实；保障设施设备的安全长效利用，不得影响烟叶生产；结合自身优势，选择适宜的经营项目，降低经营风险。

第三十六条　烟农专业合作社可将成员轮作期间的基本烟田统一规划发展与烟配套的其他产业，统一规划布局、统一技术标准、统一生产管理、统一市场销售，实施品牌化经营战略，提升市场竞争力，增强合作社发展能力。

第三十七条　烟农专业合作社可采取三种形式开展多种经营：

（一）将设施设备租赁给其他组织或个人经营；

（二）与其他组织或个人采取股份化形式进行经营；

（三）烟农专业合作社自我经营。

第九章　变更、合并、分立、解散和清算

第三十八条　根据《农民专业合作社法》相关规定，在章程中明确烟农专业合作社变更、合并、分立、解散和清算的具体事宜。

第十章　附　　则

第三十九条　本指南由中国烟叶公司负责解释。

第四十条　本指南自印发之日起执行。

烟农专业合作社行业示范社评定办法
国烟办综〔2013〕591 号

根据《国家烟草专卖局关于推进综合服务型烟农专业合作社发展的指导意见》（国烟办〔2012〕375 号）和《国家烟草专卖局办公室关于开展 2013 年综合服务型烟农专业合作社行业示范社创建工作的通知》（国烟办综〔2013〕157 号）等文件要求，为规范烟农专业合作社行业示范社（以下简称行业示范社）评定工作，特制订本办法。

一、评定对象

开展行业示范社创建工作的烟农专业合作社（以下简称合作社）。

申请评定的合作社应具备以下条件：

1. 法人主体明确。依法注册登记，营业执照、组织机构代码证、税务登记证

三证齐全，有独立银行账户，有固定的办公室场所，正常经营两年以上。合作社成员（代表）大会、理事会、监事会三会制度健全，实行理事会领导下的经理负责制。

2. 规章制度完善。有规范完善的《合作社章程》，完善民主议事、内部管理、成员联系、盈余分配等规章制度，做到管理民主、资产清晰、职责明确、社务公开等。

3. 财务管理规范。严格按照农民专业合作社财务会计制度，实行独立的财务管理和会计核算，规范建账并设立成员账户，账目清晰、档案完备。

4. 基础设施配套。育苗工场、集群烤房（烘烤工场）、农机具、分级设施等配套完善，合作社依托配套设施设备开展专业化服务和功能拓展。

5. 服务体系完备。在基地单元内，按环节分片区组建专业服务队，建立标准业务流程、规范专业操作、健全服务质量评价体系，服务所在基地单元，基本实现一基一社。

二、评定内容

以"管理团队、运行机制、资产及财务管理、专业服务、运营成效"为主要内容确定评定指标体系。

（一）管理团队（10分）。

1. 治理结构（3分）。成员（代表）大会选举产生理事会、监事会；理事会公开选聘合作社经理；经理负责选聘与组建经营管理团队（1分）。推行决策与经营分离，理事会负责资产管理、服务定价、盈余分配以及大额支出等重大决策（0.5分）；监事会主要负责财务监督，列席参加理事会议（0.5分）；推行职业经理聘任制度，经理脱产负责合作社日常经营（1分）。

2. 民主管理（2分）。成员（代表）大会每年召开2次以上（0.5分），理事会依据《合作社章程》定期或不定期召开会议。会议内容、议事过程、决策事项等有详细的会议记录（0.5分）。重大决策实行1人1票制（0.5分），服务定价、财务状况、盈余分配、物资采购等重大事项公开示（0.5分）。

3. 管理人员（3.5分）。合作社经理熟悉烟叶生产，经营能力强，鼓励烟草职工竞聘合作社经理（1分）。经营管理人员原则上6名以内，分工及职责明确，主要负责育苗、机耕、植保、烘烤、分级、功能拓展等业务（可兼岗），财务及综合管理（2分）。理事会成员可以竞聘成为经营管理人员，但人数不能超过理事会的一半（0.5分）。

4. 设置专业队（1.5分）。合作社管理人员按照片区或者服务环节，结合专业化服务需求，设置相应的专业服务队（可为综合作业队或单环节作业队）并确定队长人选（1分）。各专业服务队队长熟悉该环节技术技能，具备较强的组织管理与协调能力（0.5分）。

（二）运行机制（20分）。

1. 合作社：

（1）统一经营管理（3分）。经理对管理人员实行绩效考核，执行到位并有考核记录（1分）。管理人员负责从组织管理、服务效益、作业质量等方面对队长进行业务考核，开展等级评定，与专业化服务费用（业务承包费用或统一经营的业务费用）挂钩（1分）。专业队长负责对专业队员进行考核（1分）。

（2）成本测算与定价（3.5分）。在烟草公司指导下，分环节测算专业化服务成本，成本构成包括专业化服务费用（物资成本、用工成本、设备维护及合作社自购资产的折旧费用、队长收益等）、经营管理费用（经营管理人员薪酬、理事会与监事会成员误工补贴、日常性支出），核定成本真实准确，且不高于当地平均水平（2.5分）。在合作社成员参与下，合理确定服务价格，合作社服务价格高于成本10%左右，公示公开，成员认可（1分）。

（3）签订服务协议（1分）。合作社与烟农签订专业化服务协议，统一收取专业化服务费用（0.5分），协议须注明服务价格、数量、时间，作业质量要求，验收方式等内容（0.5分）。

（4）专业化服务形式（4分）。采用专业化服务承包的，由专业服务队承包专业化服务工作量，合作社与专业服务队签订业务承包协议，协议须明确作业量、质量要求、承包费用等内容（3分）；合作社从物资投入、用工成本、设施维护、队长收益等方面核定服务承包费用，统一负责为各专业服务队提供专业化服务的物资，集中采购，降低成本，并从服务承包费用中结算扣除（1分）。采用自主统一经营的，采取报账制，由专业服务队开展专业化服务作业，合作社与服务队签订业务统一实施目标协议，协议须明确专业队作业要求、作业量和目标责任考核等内容（3分）；从物资投入、用工成本、设施维护、队长收益等方面审核成本，统一负责为各专业服务队提供专业化服务的物资，集中采购，降低成本（1分）。采取其他形式不得分，满分不超过4分。

（5）建立技能人员库（1分）。合作社联合烟草公司，开展技术技能培训（0.5分），建立并不断充实主要专业服务技能人员库（有详实的培训记录和人员档案）（0.5分）。

2. 专业服务队：

（1）招聘队员（3分）。专业服务队队长根据服务工作量，在本社成员或者社会人员中招聘服务人员（可从主要专业服务技能人员库中选取），开展专业化服务（1分）；专业服务人员应经培训合格，签订安全责任协议后上岗（1分）。农机手必须持有驾驶证，由合作社统一购买人身意外保险并签订安全责任协议（1分）。

（2）开展服务（2分）。在烟草公司指导下，配合合作社，制订专业化服务业务流程、技术规程、作业标准、验收办法等作业制度（1分），同时严格执行到位（1分）。

（3）队员考核（2.5分）。对专业化服务人员进行作业考核，依据作业量、作业效率、作业质量等，核定用工报酬（2分）；联合烟草公司与合作社，开展专业化服务人员技能评级制度（0.5分）。

（三）资产及财务管理（22分）。

1. 设施齐全（6分）。合作社育苗工场、集群烤房（烘烤工场）、农机具、分级设施等配套完善，享有设施的管理权、收益权（1分）。基地单元育苗工场、烘烤工场、分级场地与设施、新增农机具经营管理权全部移交合作社（2分）。已承包给他人的要重新收回，统一移交合作社进行管理（2分）。合作社在章程中明确烟草公司保留最终处置权（1分）。

2. 补贴普惠（3分）。地方人民政府或烟草各级部门明确支持政策，给予发展资金扶持，专业化服务补贴到合作社（1分）。专业化服务补贴体现在成本构成、价格制订中，及时足额核减调整服务价格，确保烟农受益（1分）。设施管护、基础建设、发展资金、专业化服务等补贴性收入来源清晰、用途明确、专款专用，未用于消费性支出（1分）。

3. 收支分开（4分）。实行收支两条线，有完整的收支明细台账（2分），记账及时、核算准确、报账审核严格，并定期公开账务（1分）。开展财务年度审计，有相应审计报告（1分）。

4. 薪酬合理（4.5分）。允许理事会与监事会成员按占用时间多少，支付一定的误工补贴（1分）；经营管理层（经理及管理人员）薪酬支出合理，与经营收益、当地农村经济水平相适应（1分）；专业服务队队长报酬在服务承包费用中核定或采用固定工资加绩效的方式进行核定，收益水平略高于当地收入水平（1分）；专业化服务人员报酬由队长从服务承包费用的用工成本中支付，用工价格参照当地农村用工水平（1分），兼职人员不得重复计酬（0.5分）。

5. 成员账户（1.5分）。设立成员账户（0.5分），详细记载成员入社费、公积金份额、专业化服务交易量与交易额、盈余返还数额等（1分）。

6. 盈余返还（2分）。制订现金、实物或购买保险等多方式、多种类的盈余返还机制（0.5分），依据成员账户进行返还，返还总额不低于在提取公积金之后的可分配专业化服务盈余的60%（0.5分）。原则上不允许参股形式分红（0.5分），严禁其他社会资本参股涉烟专业化服务（0.5分）。

7. 多种经营（1分）。利用行业补贴性资产开展多种经营等非烟服务项目的，允许部分成员出资参股。产生的收益，合作社提取一定的设施管护费、经营管理团队激励补贴经费、发展基金外，可用于参股成员分红，分红总额不超过50%（1分）。

（四）专业服务（40分）。

合作社服务整个基地单元，在单元内开展专业化服务。

1. 育苗（6分）。专业化育苗比例100%（2分，每少5%扣0.5分），其中，由合作社统一物资、统一作业、统一结算商品化育苗比例达到80%以上（2分）；专业户自行集中专业化育苗比例不超过20%，且收益控制在10%以内（2分）。

2. 机耕（8分）。合作社利用自有机械或组织社会农机开展机耕（整地）作业的比例80%以上（4分）、起垄60%以上（4分），以上各项每少10%扣1分，扣完为止。

3. 植保（4分）。农药由合作社统一分类管理，按需分次发放，有详细入库、发放记录，建立并开展药袋、药瓶回收处理工作，有详实记录（2分）。由合作队组织的专业化植保比例30%以上（2分），每少10%扣1分，扣完为止。

4. 烘烤（9分）。烘烤工场开展统一物资、统一作业、统一结算全商品化烘烤（2分），且烘烤比例不低于10%（1分）。5座以上集群烤房开展统一技术、统一作业专业化烘烤（2分），且合作社专业烘烤技师人均负责5座烤房以上（1分）。商品化与专业化烘烤形式烤房数量占80%以上（3分），每低10%，扣1分，扣完为止。

5. 分级（6分）。在固定分级场所，由专业分级队统一分级的比例超过95%（4分），每低5%，扣1分，扣完为止。分级人员人均日作业量在1.5担以上（2分）。

6. 功能拓展（7分）。

（1）技术承包（1分）。开展优化结构、有机肥集中发酵、土地整理、机耕路建设、秸秆压块等业务试点，有1项得0.2分，总分1分。

（2）物资服务（1分）。统一采购烤烟用煤，开展育苗物资、肥料、农药、烤烟用煤等配送业务，有1项得0.2分，总分1分。

（3）环节拓展（1分）。开展移栽、施肥、采收、运输四个环节专业化服务试点，且服务覆盖率超过基地单元种烟面积的10%，有1项得0.5分，总分1分。

（4）多种经营（1分）。利用两个工场和农机具等设施设备开展多种经营，有1项得0.25分，总分1分。

（5）辅导员聘用（1分）。开展烟农辅导员聘用和信息化服务，有1项得0.5分，总分1分。

（6）设施管护（2分）。有设施设备管护制度、管护资金、管护责任人（1分），设施设备完好（1分）。

（五）运营成效（8分）。

1. 基地单元内烟农入社率80%以上（0.5分），合作社成员烟农占80%以上（0.5分）。

2. 享有良好的社会声誉，服务能力和服务质量得到烟农、地方人民政府和烟草公司普遍认可，提质增效明显，成员满意度80%以上，专业化服务争议少于5件（1分），未发生重大生产安全（质量）事故（2分）。

3. 减工效果显著，成员亩均用工减少10个以上（2分）。

4. 运营收支基本平衡，实现微利（0.5 分）；利润达到 30 万元以上，且在服务定价、工资薪酬、激励机制、分红方式等方面得到成员认同（0.5 分）。

5. 合作社诚实守信，运行规范，无侵占、挪用或者私分合作社资产等违反《中华人民共和国农民专业合作社法》的行为（0.5 分），在税务、金融等部门无不良记录（0.5 分）。

三、评定程序

遵循"逐级评审、分级负责"的原则，按照初审、评审、评定的程序进行。综合评分 80 分以上为合格，90 分以上为优秀。

（一）初审。由符合条件的评定对象，向所属地市级烟草公司提报行业示范社初审申请；地市级烟草公司根据评定内容，进行现场察看，审核材料，于次年元月 30 日之前完成初审；初审合格的，报请省级烟草专卖局（公司）进行评审。

（二）评审。省级烟草专卖局（公司）建立 30 名以上的评审专家库并从中抽取 7 名以上专家成立评审组，根据评定内容，逐一进行现场察看，审核材料，于次年 3 月 30 日之前完成评审；形成评审合格或优秀的评审意见，报请国家烟草专卖局评定。

（三）评定。国家烟草专卖局于次年 5 月 30 日之前，成立行业示范社评定专家组，通过现场抽评和会议评议的方式，对省级烟草专卖局（公司）提报的评审意见，进行统一评定。最终评定结果为合格或优秀的，给予 10 万元扶持发展基金；同时授予优秀合作社为"烟农专业合作社行业示范社"称号。

四、附则

（一）本办法由中国烟叶公司负责解释。

（二）各有关省级烟草专卖局（公司）要结合实际情况，依照本办法，制订行业示范社年度评审方案。

（三）本办法自印发之日起执行。

综合服务型烟农专业合作社示范章程
中烟叶生〔2012〕137 号

注：本示范章程中"【　】"部分为解释性规定，其他字体部分为示范性

规定。烟农专业合作社可根据自身实际情况，参照本示范章程制订和修正本社章程。

　　　　　　　　　　专业合作社章程

【＿＿年＿月＿日召开设立大会，由全体设立人一致通过。】

第一章　总　　则

　　第一条　为规范本社生产经营行为，维护全体成员的利益，依据《中华人民共和国农民专业合作社法》（以下简称《农民专业合作社法》）和有关法律法规，制订本章程。

　　第二条　本社由＿＿＿＿＿＿＿＿＿＿＿＿【注：全部发起人姓名或名称】等＿＿＿＿人发起，于＿＿年＿月＿日召开设立大会。

　　本社名称：＿＿＿＿＿合作社，成员出资总额＿＿元。

　　本社法定代表人：＿＿＿＿＿【注：理事长姓名】。

　　本社住所：＿＿＿＿＿＿＿，邮政编码：＿＿＿＿。

　　第三条　本社按照"服务农民、进退自由、权利平等、管理民主"的要求，以家庭经营为基础，以服务社员为宗旨，以自愿民主为核心，以社员增收为目标，依法组建，规范运行。

　　第四条　本社以烟农为主要服务对象，也可为非成员服务。主要业务范围如下：【注：根据实际情况填写，也可以为大农业服务。如：

　　（一）组织烟叶生产所需的化肥、农膜、农药等物资供应；

　　（二）组织开展烟叶的育苗、机耕、植保、烘烤、分级、运输等专业化服务；

　　（三）引进和推广烟叶生产新技术、新品种，开展技术培训、技术交流和咨询服务；

　　（四）其它经营或服务等【注：有条件的可以】。

　　上述内容应与工商行政管理部门颁发的《农民专业合作社法人营业执照》中规定的主要业务内容相符。】

　　第五条　本社对由成员出资、公积金、国家财政直接补助、烟草行业补贴、他人捐赠以及合法取得的其他资产所形成的财产（如办公房屋、家具、办公用品、车辆、农机等），享有占有、使用、收益和处分的权利，并以上述财产对债务承担责任。

　　第六条　本社对由烟草行业补贴形成的密集烤房及附属设施、农机具、育苗大棚及附属设施等经营性资产，烟农专业合作社享有使用权和收益权，并负责进行维护，但烟草行业拥有资产的运营监督权和最终处置权；不吸纳社会资本参与烘烤工场（密集烤房及附属设施）、育苗工场（育苗大棚及附属设施）建设。

　　第七条　本社每年提取的公积金，按照成员与本社业务交易量（额）【注：或者出资额，也可以二者相结合】依比例量化为每个成员所有的份额。由国家财政直接补助、烟草补贴形成的资产以及他人捐赠形成的财产按当年种烟面积量化成每个成员的份额，作为可分配盈余的分配依据之一。

本社为每个成员设立个人账户，记载内容包括：

（一）成员出资额；

（二）成员的当年烟叶种植面积；

（三）量化为该成员的公积金份额；

（四）该成员与本社的交易量（额）；

（五）量化为该成员的烟草补贴份额。

本社成员以其个人账户内记载的等额出资额、烟草行业补贴量化部分以及公积金份额为限对本社承担责任。

第八条　经成员大会讨论通过，本社投资兴办与本社业务内容相关的经济实体；接受与本社业务有关的单位委托，办理代购代销等中介服务；向政府有关部门申请或接受政府有关部门委托，组织实施国家支持发展农业和农村经济的建设项目；按决定的数额和方式参加社会公益捐赠【注：上述业务烟农专业合作社可选择进行】。

第九条　本社、本社社员及本社聘用人员遵守社会公德和商业道德，依法开展生产经营活动。

第二章　运　行　管　理

第十条　本社优先向本社成员提供专业化服务，在满足本社成员专业化服务需求的前提下，可向非成员提供专业化服务。服务价格根据服务对象不同，可分为内部服务价格和外部服务价格。烟农专业合作社成员服务按内部服务价格执行，非本社成员服务按外部服务价格执行。内部服务价格要高于成本价，原则上不超过成本价10%；外部服务价格参照市场价。【注：具体可依据本社资产折旧、维修金、管理及用工费用、物资费用、利息、物价准备金、公积金等要素组价出指导性收费价格，经合作社成员大会（或成员代表大会）讨论通过后执行，原则上分环节一年定一次。】

第十一条　本社各项专业化服务按照"签订服务协议—服务准备—组织开展服务—服务验收确认—服务结算"流程进行【注：各烟农专业合作社可根据实际情况对流程环节进行增删】，流程各环节内容如下：【注：根据实际情况填写，如：

（一）签订服务协议：与服务对象签订服务协议，明确服务地点、服务方式、服务质量、收费标准、费用结算方式、费用支付时间、不合格品处理、违约责任等；协议签订时间依据具体生产环节与要求确定。

（二）服务准备：开展业务培训，确定服务人员，组建专业队，准备服务所需物资、器械，检修设备等。

（三）开展服务：根据所签订的服务协议组织专业服务人员开展专业化服务，接受服务对象、相关部门人员的指导与监督。

（四）服务验收确认：服务结束后，按服务协议由本社、专业化服务人员、服务对象共同对服务结果进行验收确认。

（五）服务结算：服务对象依据服务协议、确认的服务结果向本社支付服务费用；本社向服务人员支付服务报酬，核销相关作业费用。】

第十二条　由本社成员大会（或成员代表大会）负责制定各项专业化服务的实施方案、管理人员、专业服务队（或作业组或分社）和服务人员的绩效考核办法和奖励规定，依据服务数据和服务质量进行检查考核、兑现奖惩，并保留检查考核记录。

第三章　成　　员

第十三条　具有民事行为能力的烟叶生产经营者，烟叶生产经营服务的提供者、使用者，能够利用烟农专业合作社提供的服务，承认并遵守烟农专业合作社章程，履行章程规定的入社手续的，可申请成为本社成员。本社吸收从事与本社业务直接有关的生产经营活动的企业、事业单位或者社会团体为团体成员【注：烟农专业合作社可以根据自身发展的实际情况决定是否吸收团体成员】。具有管理公共事务职能的单位不得加入本社。本社成员中，烟农成员至少占成员总数的80%【注：烟农专业合作社章程还可以规定入社成员的其他条件，如：具有一定的生产经营规模或经营服务能力等。具体可表述为：烟叶种植规模达到＿＿以上，……等】。

第十四条　凡符合前条规定，向本社理事会【注：或者理事长】提交书面入社申请，经成员大会【注：或者理事会】审核并讨论通过者，即成为本社成员。

第十五条　本社成员的权利：【注：合作社根据实际情况选择】

（一）参加成员大会，并享有表决权、选举权和被选举权；

（二）利用本社提供的服务和生产经营设施；

（三）按照本章程规定或者成员大会决议分享本社盈余；

（四）查阅本社章程、成员名册、成员大会记录、理事会会议决议、监事会会议决议、财务会计报告和会计账簿；

（五）对本社的工作提出质询、批评和建议；

（六）提议召开临时成员大会；

（七）自由提出退社声明，依照本章程规定退出本社；

（八）以当年烟叶种植面积为限享有烟草补贴形成资产的受益权；

（九）优先参与和利用本社提供的专业化生产经营服务；

（十）成员共同议决的其他权利。【注：如不作具体规定此项可删除】

第十六条　本社成员大会选举和表决，实行一人一票制，成员各享有一票基本表决权。

第十七条　本社成员的义务：【注：合作社根据实际情况选择】

（一）遵守本社章程和各项规章制度，执行成员大会和理事会的决议；

（二）按照章程规定向本社出资；

（三）积极参加本社各项业务活动，接受本社提供的技术指导，按照本社规定的质量标准和生产技术规程从事生产，履行与本社签订的业务合同，发扬互助协作精神，谋求共同发展；

（四）维护本社利益，爱护生产经营设施，保护本社成员共有财产；

（五）不从事损害本社成员共同利益的活动；

（六）不得以其对本社或者本社其他成员所拥有的债权，抵销已认购或已认购但尚未缴清的出资额；不得以已缴纳的出资额，抵销其对本社或者本社其他成员的债务；

（七）承担本社的亏损；

（八）保障基本烟田按照统一规划的要求用于种烟，按照《烟叶种植收购合同》进行烟叶生产；

（九）保证烟草补贴形成的资产的安全性和完整性，保证烟叶生产基础设施长效使用；

（十）成员共同议决的其他义务。【注：如不作具体规定此项可删除】

第十八条　成员有下列情形之一的，终止其成员资格：

（一）主动要求退社的；

（二）丧失民事行为能力的；

（三）死亡的；

（四）团体成员所属企业或组织破产、解散的；

（五）被本社除名的。

第十九条　成员要求退社的，须在会计年度终了的 3 个月前向理事会提出书面声明，方可办理退社手续；其中，团体成员退社的，须在会计年度终了的 6 个月前提出。退社成员的成员资格于该会计年度结束时终止。资格终止的成员须分摊资格终止前本社的亏损及债务。成员资格终止的，在该会计年度决算后__个月内【注：不应超过 3 个月】，退还记载在该成员账户内的出资额和公积金份额。如本社经营盈余，按照本章程规定返还其相应的盈余所得；如经营亏损，扣除其应分摊的亏损金额。成员在其资格终止前与本社已订立的业务合同应当继续履行【注：也可以依照退社时与本社的约定确定】。

第二十条　成员死亡的，其法定继承人符合法律及本章程规定的条件的，在__个月内提出入社申请，经成员大会【注：或者理事会】讨论通过后办理入社手续，并承继被继承人与本社的债权债务。否则，按照第十九条的规定办理退社手续。

第二十一条　成员有下列情形之一的，经成员大会【注：或者理事会】讨论通过予以除名：

（一）不履行成员义务，经教育无效的；

（二）给本社名誉或者利益带来严重损害的；

（三）成员共同议决的其他情形【注：如不作具体规定此项可删除】。本社对被除名成员，退还记载在该成员账户内的出资额和公积金份额，结清其应承担的债务，返还其相应的盈余所得。因前款第二项被除名的，须对本社作出相应赔偿。

第四章　组 织 机 构

第二十二条　成员大会是本社的最高权力机构，由全体成员组成。成员大会行使下列职权：

（一）审议、修改本社章程和各项规章制度；

（二）选举和罢免理事长、理事、执行监事或者监事会成员；

（三）决定成员出资标准及增加或者减少出资；

（四）审议本社的发展规划和年度业务经营计划；

（五）审议批准年度财务预算和决算方案；

（六）审议批准年度盈余分配方案和亏损处理方案；

（七）审议批准理事会、执行监事或者监事会提交的年度业务报告；

（八）决定重大财产处置、对外投资、对外担保和生产经营活动中的其他重大事项；

（九）对合并、分立、解散、清算和对外联合等作出决议；

（十）决定聘用经营管理人员和专业技术人员的数量、资格、报酬和任期；

（十一）听取理事长或者理事会关于成员变动情况的报告；

（十二）决定其他重大事项【注：如不作具体规定此项可删除】。

第二十三条　本社成员超过 150 人时，每＿名成员选举产生 1 名成员代表，组成成员代表大会。成员代表大会履行成员大会的＿＿＿＿＿、＿＿＿＿＿等【注：部分或者全部】职权。成员代表任期＿年，可以连选连任【注：成员总数达到 150 人的烟农专业合作社可以根据自身发展的实际情况决定是否设立成员代表大会。如不设立，此条可删除】。

第二十四条　本社每年召开＿次成员大会【注：至少于会计年度末召开 1 次成员大会。】成员大会由＿【注：理事长或者理事会】负责召集，并提前 15 日向全体成员通报会议内容。

第二十五条　有下列情形之一的，本社在 20 日内召开临时成员大会：

（一）30%以上的成员提议；

（二）执行监事或者监事会提议；

（三）理事会提议；

（四）成员共同议决的其他情形【注：如不作具体规定此项可删除】。理事长【注：或者理事会】不能履行或者在规定期限内没有正当理由不履行职责召集临时成员大会的，执行监事或者监事会在__日内召集并主持临时成员大会。

第二十六条　成员大会须有本社成员总数的 2/3 以上出席方可召开。成员因故不能参加成员大会，可以书面委托其他成员代理 1 名成员最多只能代理__名【注：以 2—4 名为宜，根据当地实际情况决定】成员表决。成员大会选举或者做出决议，须经本社成员表决权总数过半数通过；对修改本社章程，改变成员等额出资标准，增加或者减少成员出资，合并、分立、解散、清算和对外联合等重大事项做出决议的，须经成员表决权总数 2/3 以上的票数通过。成员代表大会的代表以其受成员书面委托的意见及表决权数，在成员代表大会上行使表决权。

第二十七条　本社设理事长 1 名，为本社的法定代表人。理事长任期__年，可连选连任。

理事长行使下列职权：

（一）主持成员大会，召集并主持理事会会议；

（二）签署本社成员出资证明；

（三）签署聘任或者解聘本社经理、财务会计人员和其他专业技术人员聘书；

（四）组织实施成员大会和理事会决议，检查决议实施情况；

（五）代表本社签订合同等；

（六）履行成员大会授予的其他职权【注：如不作具体规定此项可删除】。

第二十八条　本社设理事会，对成员大会负责，由__名成员组成。理事会成员任期__年，可连选连任【注：理事会成员原则上不在合作社领取报酬，理事会成员在从事合作社决策、监督职能时，可给予误工补贴，补贴范围和补贴标准为_____】。理事会【注：或者理事长】行使下列职权：

（一）组织召开成员大会并报告工作，执行成员大会决议；

（二）制订本社发展规划、年度业务经营计划、内部管理规章制度等，提交成员大会审议；

（三）制定年度财务预决算、盈余分配和亏损弥补等方案，提交成员大会审议；

（四）组织开展成员培训和各种协作活动；

（五）管理本社的资产和财务，保障本社的财产安全；

（六）接受、答复、处理执行监事或者监事会提出的有关质询和建议；

（七）决定成员入社、退社、继承、除名、奖励、处分等事项；

（八）决定聘任或者解聘本社经理、财务会计人员和其他专业技术人员；

（九）履行成员大会授予的其他职权【注：如不作具体规定此项可删除】。

第二十九条　理事会会议的表决，实行 1 人 1 票。重大事项集体讨论，并经

2/3 以上理事同意方可形成决定。理事个人对某项决议有不同意见时，其意见记入会议记录并签名。理事会会议邀请执行监事或者监事长、经理和__名成员代表列席，列席者无表决权。

第三十条　本社设监事会，由__名监事组成，设监事长 1 人，监事长和监事会成员任期__年，可连选连任。监事长列席理事会会议。【注：或设执行监事 1 名，代表全体成员监督检查理事会和工作人员的工作，执行监事列席理事会会议。具体由合作社根据实际情况决定。监事会成员原则上不在合作社领取报酬，监事会成员在从事合作社决策、监督职能时，可给予误工补贴，补贴范围和补贴标准为_____】监事会【注：或者执行监事】行使下列职权：

（一）监督理事会对成员大会决议和本社章程的执行情况；

（二）监督检查本社的生产经营业务情况，负责本社财务审核监察工作；

（三）监督理事长或者理事会成员和经理履行职责情况；

（四）向成员大会提出年度监察报告；

（五）受理社员及农民来访，向理事长或者理事会提出工作质询和改进工作的建议；

（六）提议召开临时成员大会；

（七）代表本社负责记录理事与本社发生业务交易时的业务交易量（额）情况；

（八）履行成员大会授予的其他职责【注：如不作具体规定此项可删除】。

卸任理事须待卸任__年后【注：填写本章程第二十七条规定的理事长任期】方能当选监事。

第三十一条　监事会会议由监事长召集，会议决议以书面形式通知理事会。理事会在接到通知后__日内就有关质询作出答复。

第三十二条　监事会会议的表决实行 1 人 1 票。监事会会议须有 2/3 以上的监事出席方能召开。重大事项的决议须经 2/3 以上监事同意方能生效。监事个人对某项决议有不同意见时，其意见记入会议记录并签名。

第三十三条　本社经理由理事会【注：或者理事长】聘任和解聘，对理事会【注：或者理事长】负责，行使下列职权：

（一）主持本社的生产经营工作，组织实施理事会决议；

（二）组织实施年度生产经营计划和投资方案；

（三）拟订经营管理制度；

（四）提请聘任或者解聘财务会计人员和其他经营管理人员；

（五）聘任或者解聘除应由理事会聘任或者解聘之外的经营管理人员和其他工作人员；

（六）理事会授予的其他职权【注：如不作具体规定此项可删除】。本社理事长或者理事可以兼任经理。由成员（代表）大会决定或经成员（代表）大会决定由理事会决定是否对财务人员、组长（队长）及其它管理人员支付报酬，并决定报酬支付标准。烟草部门职工可经本社相应程序聘为经理或财务人员等，但不得担任本社理事长、监事长，原则上不得在本社领取报酬、报销费用。

第三十四条　本社现任理事长、理事、经理和财务会计人员不得兼任监事。

第三十五条　本社理事长、理事和管理人员不得有下列行为：

（一）侵占、挪用或者私分本社资产；

（二）违反章程规定或者未经成员大会同意，将本社资金借贷给他人或者以本社资产为他人提供担保；

（三）接受他人与本社交易的佣金归为己有；

（四）从事损害本社经济利益的其他活动；

（五）兼任业务性质相同的其他农民专业合作社的理事长、理事、监事、经理。

理事长、理事和管理人员违反前款第（一）项至第（四）项规定所得收入，归本社所有；造成本社损失的，须承担赔偿责任。

第五章　财　务　管　理

第三十六条　本社实行独立的财务管理和会计核算，严格按照国务院财政部门制定的农民专业合作社财务制度和会计制度核定生产经营和管理服务过程中的成本与费用。

第三十七条　本社依照有关法律、行政法规和政府有关主管部门的规定，建立健全财务和会计制度，实行每月__日【注：或者每季度第__月__日】财务定期公开制度。本社财会人员应持有会计从业资格证书，会计和出纳互不兼任。理事会、监事会成员及其直系亲属不得担任本社的财会人员。

第三十八条　成员与本社的所有业务交易，实名记载于各该成员的个人账户中，作为按交易量（额）进行可分配盈余返还分配的依据。利用本社提供服务的非成员与本社的所有业务交易，实行单独记账，分别核算。

第三十九条　会计年度终了时，由理事长【注：或者理事会】按照本章程规定，组织编制本社年度业务报告、盈余分配方案、亏损处理方案以及财务会计报告，经执行监事或者监事会审核后，于成员大会召开15日前，置备于办公地点，供成员查阅并接受成员的质询。

第四十条　本社资金来源包括以下几项：

（一）成员出资；

（二）每个会计年度从盈余中提取的公积金、公益金；

（三）未分配收益；

（四）国家扶持补助资金；

（五）烟草补贴形成的资产；

（六）他人捐赠款；

（七）其他资金。

第四十一条　本社成员可以用货币出资，也可以用库房、加工设备、运输设备、农机具、农产品等实物、技术、知识产权或者其他财产权利作价出资，但不得以劳务、信用、自然人姓名、商誉、特许经营权或者设定担保的财产等作价出资。成员以非货币方式出资的，由成员大会评估作价。由全体成员缴纳、作为本社成员资格证明的等额出资，不参与盈余分配，成员退社带走。合作社成员自愿以土地、实物、现金出资，用于合作社的设施设备配置或经营成本，但不得参与育苗工场和烘烤工场建设。合作社成员出资作为所有者权益和盈余分配的依据。

第四十二条　本社成员认缴的出资额，须在__个月内缴清。

第四十三条　以非货币方式作价出资的成员与以货币方式出资的成员享受同等权利，承担相同义务。经理事长【注：或者理事会】审核，成员出资可以转让给本社其他成员。

第四十四条　为实现本社及全体成员的发展目标需要调整成员出资时，经成员大会讨论通过，形成决议，每个成员须按照成员大会决议的方式和金额调整成员出资。

第四十五条　本社向成员颁发成员证书，并载明成员的出资额。成员证书同时加盖本社财务印章和理事长印鉴。

第四十六条　本社从当年盈余中提取百分之__的公积金，用于扩大生产经营、弥补亏损或者转为成员出资。公积金提取比例一般不超过盈余的20%【注：烟农专业合作社可以根据自身发展的实际情况决定是否提取公积金】。本社原则上不提取公益金，确需提取的必须经成员（代表）大会通过，并明确提取的比例、用途及管理办法。公益金余留部分量化到成员，成员退社可带走。【注：烟农专业合作社可以根据自身发展的实际情况决定是否提取公益金。】

第四十七条　本社由成员大会讨论决定是否支付理事会成员、监事会成员、外聘经理、会计、出纳等管理人员薪酬，如讨论通过，薪酬标准由理事会提出方案，经成员大会表决通过执行，薪酬标准参照本地平均工资水平而定。

第四十八条　本社接受的国家财政直接补助、烟草补贴形成的资产和他人捐赠，均按本章程规定的方法确定的金额入账，作为本社的资金（产），按照规定用途和捐赠者意愿用于本社的发展。在解散、破产清算时，由国家财政直接补助、烟草补贴形成的财产，不得作为可分配剩余资产分配给成员，处置办法按照国家有关规定执行；接受他人的捐赠，与捐赠者另有约定的，按约定办法处置。

第四十九条　当年扣除生产经营和管理服务成本，弥补亏损、提取公积金和公益金后的可分配盈余，经成员大会决议，按照下列顺序分配：（一）专业化服务所产生的可分配盈余，按成员与本社业务交易量（额）比例返还，返还总额不低于可分配盈余的百分之__【注：依法不低于60%，具体比例由成员大会讨论决定。

交易量可按合作社成员的接受专业化服务量、烟叶种植面积、烟叶交售数量或劳动量计算】。其他经营或服务产生的可分配盈余，在考虑行业补贴资产量化的基础上，可根据社员出资额、社员在其他经营或服务中的交易额进行分配。（二）按前项规定返还后的剩余部分，以成员账户中记载的出资额和公积金份额，以及本社接受国家财政直接补助、烟草补贴和他人捐赠形成的财产量化到成员的份额，按比例分配给本社成员，并记载在成员个人账户中。

第五十条　本社如有亏损，经成员大会讨论通过，用公积金弥补，不足部分也可以用以后年度盈余弥补。本社的债务用本社公积金或者盈余清偿，不足部分依照成员个人账户中记载的财产份额，按比例分担，但不超过成员账户中记载的出资额和公积金份额。

第五十一条　执行监事或者监事会负责本社的日常财务审核监督，审计结果应向成员大会报告。根据成员大会【注：或者理事会】的决定【注：或者监事会的要求】，本社委托_____【审计机构或烟草部门】对本社财务进行年度审计、专项审计和换届、离任审计。【注：接受烟草部门补贴的烟农专业合作社应定期向烟草部门报送财务报告和会计报表，接受烟草部门的监督。】

第六章　合并、分立、解散和清算

第五十二条　本社与他社合并，须经成员大会决议，自合并决议作出之日起10日内通知债权人。合并后的债权、债务由合并后存续或者新设的组织承继。

第五十三条　经成员大会决议分立时，本社的财产要作相应分割，但是烟草补贴形成的资产不得分割，由烟草部门收回并转移给其它烟农专业合作社或当地村委会，并自分立决议作出之日起10日内通知债权人。分立前的债务由分立后的组织承担连带责任。但是，在分立前与债权人就债务清偿达成的书面协议另有约定的除外。

第五十四条　本社有下列情形之一，经成员大会决议，报登记机关核准后解散：

（一）本社成员人数少于5人；

（二）成员大会决议解散；

（三）本社分立或与其他农民专业合作社合并后需要解散；

（四）因不可抗力因素致使本社无法继续经营；

（五）依法被吊销营业执照或者被撤销；

（六）成员共同议决的其他情形。【注：如不作具体规定此项可删除】

第五十五条　本社因前条第一项、第二项、第四项、第五项、第六项情形解散的，在解散情形发生之日起15日内，由成员大会推举__名成员组成清算组接管本社，开始解散清算。逾期未能组成清算组时，成员、债权人可以向人民法院申请指定成员组成清算组进行清算。

第五十六条　清算组负责处理与清算有关未了结业务，清理本社的财产和债权、债务，制定清偿方案，分配清偿债务后的剩余财产，代表本社参与诉讼、仲裁或者其他法律程序，并在清算结束后，于__日内向成员公布清算情况，向原登记机关办理注销登记。

第五十七条　清算组自成立起10日内通知成员和债权人。

第五十八条　本社财产优先支付清算费用和共益债务后，按下列顺序清偿：

（一）与烟农已发生交易所欠款项；

（二）所欠员工的工资及社会保险费用；

（三）所欠税款；

（四）所欠其他债务；

（五）归还成员出资、公积金；

（六）按清算方案分配剩余财产。

清算方案须经成员大会通过或者申请人民法院确认后实施。本社财产不足以清偿债务时，依法向人民法院申请破产。

第七章　附　　则

第五十九条　本社需要向成员公告的事项，采取_____方式发布，需要向社会公告的事项，采取_____方式发布。

第六十条　本章程由设立大会表决通过，全体设立人签字后生效。

第六十一条　修改本章程，须经半数以上成员或者理事会提出，理事长【注：或者理事会】负责修订，成员大会讨论通过后实施。

第六十二条　本章程由本社理事会【注：或者理事长】负责解释。

全体设立人签名、盖章。